하루에 **1** 분

일상생활
일본어
회화

기획편집부

머리말

'어떻게 하면 일본어를 잘할 수 있을까?'

이 책을 보시는 여러분도 아마 한번쯤은 이런 고민을 해보셨을 겁니다. 일본 사람과 대화를 해본 분이라면, 꼭 긴 문장의 유창한 표현이 아니더라도 내 마음을 전할 수 있는 딱 한 마디가 참 아쉬울 때가 한 두 번이 아니었을 겁니다.

이 책은 기본적인 인사말부터 시작하여 대부분은 정중한 표현이 수록되어 있지만, 친구나 연인, 또는 아랫사람에게 하는 반말표현도 조금씩 들어 있어, 실제 회화의 맛을 볼 수 있도록 하였습니다. 철저하게 학습자의 입장에서, 짧은 한마디라도 어떤 상황에서 쓰는 말이며, 어떤 뉘앙스를 갖고 있는지, 설명을 달아 이해하면서 외울 수 있도록 한 것이 가장 큰 특징이라고 할 수 있습니다.

크게,「기본의 기본편」과「일본어로 친구사귀기」,「내마음을 전하는 감정표현」,「멋지게 통하는 상황회화」, 그리고 비즈니스회화에서 꼭 필요한 장면을 설정한「일본어로 비즈니스하기」, 마지막으로 일상생활에서 자주 쓰는「외래어 미니사전」의 순으로 정리하였습니다.

모쪼록 학습자 여러분의 건승을 바라오며, 공부하시다가 궁금하신 점이나, 책에 대한 좋은 의견 있으신 분은 편집부로 문의주시면 고맙겠습니다.

끝으로, 이 책의 감수를 맡아주신 박유자 선생님께 감사드리고, 학습자 한 분 한 분께 하나님의 은혜가 충만하기를 기원합니다.

기획편집부

Contents

I. 기본의 기본

1. 아침인사 ········· 10
2. 낮인사 ········· 11
3. 저녁인사 ········· 12
4. 식사를 할 때 ········· 13
5. 집을 나설 때 ········· 14
6. 집에 돌아왔을 때 ········· 15
7. 먼저 퇴근할 때 ········· 16
8. 처음 만났다면 ········· 17
9. 안부를 물어볼 때 ········· 18
10. 헤어질 때 ········· 19
11. 소개할 때 ········· 20
12. 대답하기 ········· 21
13. 방문할 때 ········· 22
14. 누군가를 불러세울 때 ········· 23
15. 기다리게 할 때 ········· 24
16. 감사표현 ········· 25
17. 되물어볼 때 ········· 26
18. 사과할 때 ········· 27
19. 허가를 구할 때 ········· 28
20. 부탁할 때 ········· 29
21. 금지할 때 ········· 30
22. 물어볼 때 ① ········· 31
23. 물어볼 때 ② ········· 32
24. 물어볼 때 ③ ········· 33
25. 물건을 구입할 때 ········· 34
26. 나이를 물어볼 때 ········· 35
27. 띠를 물어볼 때 ········· 36
28. 때를 나타내는 말 ········· 37
29. 자주 쓰는 부사 ········· 38

II 일본어로 친구 사귀기

30. 처음 만났을 때 ········· 40
31. 개인적인 질문을 할 때 ········· 41
32. 소개하기 ········· 42
33. 직장을 물어볼 때 ········· 43
34. 위치나 장소를 물어볼 때 ········· 44
35. 층 수를 물어볼 때 ········· 45
36. 누구 물건일까요? ········· 46
37. 브랜드를 물어볼 때 ········· 47
38. 집에 찾아갔을 때 ········· 48
39. 날씨에 대해 얘기할 때 ········· 49
40. 생각이나 의견을 말할 때 ········· 50
41. 뭐 하는 곳이냐고 물어볼 때 ········· 51
42. 구체적인 묘사를 물어볼 때 ········· 52
43. 기호를 물어볼 때 ········· 53
44. 취미를 물어볼 때 ········· 54
45. 경험을 말할 때 ········· 55
46. 당신의 특기는? ········· 56
47. 음료를 주문할 때 ········· 57
48. 한 턱 내고 싶을 때 ········· 58
49. 음식을 권할 때 ········· 59
50. 식사중에 ········· 60
51. 아침 식사에 대해 ········· 61
52. 자신의 생각을 말할 때 ········· 62
53. 계획을 물어볼 때 ① ········· 63
54. 계획을 물어볼 때 ② ········· 64
55. 계획을 물어볼 때 ③ ········· 65
56. 다른 사람의 말을 전할 때 ········· 66
57. 생각해 볼게요 ········· 67
58. 누군가 했더니 ········· 68
59. 많이 탔네요 ········· 69

Contents

60. 날씬해지셨네요 ·················· 70
61. 그것, 어디서 났어요? ·············· 71
62. 뭐가 좋을까? ····················· 72
63. 쑥스럽게… ························ 73
64. 잠깐 실례하겠습니다 ··········· 74
65. 여보세요 ··························· 75
66. 또 전화하겠습니다 ············· 76
67. 전화 왔었다고 전해 주세요······ 77
68. 안녕히 계세요(전화에서) ········ 78
69. 자동응답기 ······················ 79
70. 전화하셨다면서요? ··············· 80
71. 전화바꿨습니다 ·················· 81

III. 내 마음을 전하는 감정표현

72. 동의할 때① ······················ 84
73. 동의할 때② ······················ 85
74. 부정할 때 ························· 86
75. 사과할 때① ······················ 87
76. 사과할 때② ······················ 88
77. 부탁할 때 ························· 89
78. 물어볼 때 ························· 90
79. 되물어볼 때 ······················ 91
80. 권유할 때 ························· 92
81. 재촉할 때 ························· 93
82. 시간있냐고 물어볼 때 ········· 94
83. 칭찬할 때 ························· 95
84. 판단할 수 없을 때 ·············· 96
85. 축하할 때 ························· 97
86. 용기를 북돋워줄 때 ············ 98
87. 화제를 바꿀 때 ·················· 99
88. 협력을 구할 때 ················ 100

89. 승낙할 때·· 101
90. 기다리게 할 때······························ 102
91. 오해가 생겼을 때·························· 103
92. 기쁠 때·· 104
93. 놀랐을 때······································· 105
94. 불평불만을 말할 때······················ 106
95. 피곤할 때······································· 107
96. 후회할 때······································· 108
97. 재미있을 때··································· 109
98. 감동했을 때··································· 110
99. 무서워할 때··································· 111
100. 걱정스러울 때····························· 112
101. 부러워할 때································· 113
102. 좋아할 때····································· 114
103. 부끄러울 때································· 115
104. 격려할 때····································· 116
105. 안심할 때····································· 117
106. 연인과 헤어졌을 때 ················· 118
107. 화가났을 때································· 119
108. 변명할 때····································· 120

IV. 멋지게 통하는 상황회화

· 호텔예약

109. 한국어를 할 수 있는 분 ············· 122
110. 부탁합니다 ································· 123
111. 얼마예요? ··································· 124
112. 철자를 부탁합니다 ··················· 125
113. 성함을 여쭤봐도 될까요? ········· 126
114. 몇 시쯤 될까요? ························ 127
115. 호텔을 찾고 있는데요 ··············· 128
116. 비싸네요 ····································· 129

Contents

117. 빈 방 있어요? ····· *130*
118. 최소하고 싶은데요 ····· *131*
119. 이틀 더 ····· *132*
120. 전화로 예약했어요 ····· *133*
121. 성함이? ····· *134*
122. 장소는 어디예요? ····· *135*
123. 가르쳐 주세요 ····· *136*
124. 몇 시가 좋으세요 ····· *137*
125. 누구세요? ····· *138*
126. 죄송하지만… ····· *139*
127. 카드 돼요? ····· *140*
128. 괜찮을까요? ····· *141*

· 택시타기
129. 택시를 불러 주세요 ····· *142*
130. 여기로 가주세요 ····· *143*
131. 가야 합니다. ····· *144*
132. 네, 알겠습니다. ····· *145*
133. 얼마나 걸립니까? ····· *146*
134. 얼마예요? ····· *147*

· 전철 · 버스
135. ~에 가려면 ····· *148*
136. 어디예요? ····· *149*
137. 시내로 가는 버스 ····· *150*
138. ~까지 얼마예요? ····· *151*
139. 도착하면 알려주세요 ····· *152*
140. 몇 번째예요? ····· *153*
141. 출구가 어디예요? ····· *154*

· 음식점 이용하기
142. 이 근처에 ····· *155*
143. 비쌉니까? ····· *156*

144. 예약하고 싶은데요 ····· *157*
145. 몇 시라면 괜찮아요? ····· *158*
146. 취소하고 싶은데요 ····· *159*

· 음식점에서
147. 지금 식사됩니까? ····· *162*
148. 기다려 주시겠어요? ····· *163*
149. 예약했습니다 ····· *164*
150. 주문 받으세요 ····· *165*
151. 어떤 요리예요? ····· *166*
152. 같은 걸로 주세요 ····· *167*
153. 튀김정식입니까? ····· *168*
154. 시간이 없는데… ····· *169*
155. 아직 안나왔어요 ····· *170*
156. 더 먹을 수 있어요? ····· *171*
157. 네, 그러세요 ····· *172*
158. 치워 주세요 ····· *173*

· 계산하기
159. 계산해 주세요 ····· *174*
160. 제가 낼게요 ····· *175*
161. 같이 계산해 주세요 ····· *176*
162. 맞지 않는데요 ····· *177*
163. 괜찮습니다 ····· *178*
164. 만엔 받았습니다 ····· *179*

· 술집이용하기
165. 맥주 주세요 ····· *180*
166. 안주있어요? ····· *181*

· 패스트푸드점에서
167. 음료수는 어떠세요? ····· *182*
168. 가져갈 겁니다 ····· *183*

Contents

· 쇼핑하기
169. 어디에 있어요? ·················· *184*
170. 어디서 살 수 있어요? ·········· *185*
171. 어떻게 가면 되죠? ·············· *186*
172. 몇 시까지입니까? ················ *187*
173. 20%할인됩니다 ·················· *188*
174. 그냥 좀 보는 거예요 ············ *189*
175. 면도기를 찾고 있는데요 ········ *190*
176. 유행하는 디자인 ·················· *191*
177. 다른 색도 보여 주세요 ·········· *192*
178. 비싸네요 ···························· *193*
179. 이걸로 주세요 ···················· *194*
180. 조금 더 생각해보고 하겠습니다 ··· *195*
181. 전부 얼마예요? ···················· *196*
182. 카드로 계산할 때 ················ *197*
183. 포장됩니까? ························ *198*
184. 요금이 얼마예요? ················ *199*
185. 반품됩니까? ························ *200*
186. 흠이 나 있는데요 ················ *201*
187. 입어봐도 돼요 ···················· *202*
188. 딱 좋습니다 ························ *203*
189. 보여 주세요 ························ *204*
190. 스킨이 필요한데요 ·············· *205*
191. 어떻게 사용합니까? ·············· *206*
192. 위장약 있습니까? ················ *207*
193. CD를 사고 싶은데요 ············ *208*

· 관광하기
194. 지도 있습니까? ···················· *209*
195. 시내를 관망할 수 있는 곳 ······ *210*
196. 학생 한 장 주세요 ················ *211*
197. 몇 시까지 엽니까? ················ *212*
198. 사진을 찍어도 됩니까? ·········· *213*
199. 누르기만 하면 됩니다 ············ *214*
200. 걸어서 갈 수 있습니까? ········ *215*
201. 한국어를 할 수 있는 가이드 ······ *216*
202. 중식포함인가요? ·················· *217*
203. 매우 즐거웠습니다 ·············· *218*

· 공연 · 스포츠 즐기기
204. 콘서트에 가고 싶은데요 ········ *219*
205. 티켓을 구할 수 있을까요? ······ *220*
206. 오늘 시합이 있습니까? ·········· *221*
207. 스키장 지도를 주세요 ············ *222*
208. 몇 시에 멈춥니까? ················ *223*
209. 테니스 코트 있어요? ············ *224*
210. 한 시간에 얼마죠? ················ *225*

· 돌발사태
211. 짐이 보이지 않습니다 ·········· *226*
212. 여기로 연락해 주십시오 ········ *227*
213. 경찰에 연락해 주세요 ············ *228*
214. 전화해 주십시오 ·················· *229*
215. 도난당했습니다 ···················· *230*
216. 재발급해 주시겠어요? ············ *231*
217. 도둑이 들었습니다 ················ *232*
218. 사고를 당했습니다 ················ *233*
219. 제 잘못이 아닙니다 ·············· *234*
220. 피가 나고 있습니다 ·············· *235*
221. 속이 좋지 않습니다 ·············· *236*

V. 일본어로 비즈니스하기
222. 손님이 왔을 때 ···················· *238*
223. 손님 안내하기 ···················· *239*

Contents

224. 첫만남(거래처방문) ········ 240
225. 본격 비즈니스 ① ········ 241
226. 본격 비즈니스 ② ········ 242
227. 결정하기 전에 ········ 243
228. 상대방의 의사를 확인할 때 ······ 244
229. 대화를 이끌어 가는 한마디 ······ 245
230. 계약이 성사되었을 때 ········ 246
231. 성사되지 않았을 때 ········ 247
232. 방문을 마치고 나올 때 ········ 248
233. 관심이 담긴 표현 ········ 249
234. 찾아온 손님에게 ········ 250
235. 전화 ① ········ 251
236. 전화 ② ········ 252
237. 전화 ③ ········ 253
238. 팩스를 보낼 때 ········ 254
239. 팩스를 받고 ········ 255
240. 접대-식사초대 ········ 256
241. 음식점에서 ········ 257
242. 주문할 때 ········ 258
243. 음식이 나오고 ········ 259
244. 집에서 먹을 때 ········ 260
245. 한창 식사중일 때 ········ 261
246. 식사가 끝날 무렵 ········ 262
247. 헤어질 때 ········ 263
248. 가라오케에서 ········ 264
249. 술자리에서 ········ 265
250. 로비도 일본어로 ········ 266
251. 충고나 조언을 할 때 ········ 267
252. 칭찬할 때 ········ 268
253. 칭찬을 받았을 때 ········ 269
254. 회사에 대해 물어볼 때 ········ 270
255. 업무에 대해 물어볼 때 ········ 271
256. 일본어로 반말하기 ① ········ 272
257. 일본어로 반말하기 ② ········ 273

VI.부록

외래어 미니사전 ········ 276

1 첫번째 장

기본의 기본

001 | 아침인사

001 (학생이) 안녕하세요?

おはようございます。

---

002 (선생님이) 안녕?

おはよう。

- 아침인사. 일본어는 영어처럼 때에 따라 인사말이 다르다. 「おはようございます。」는 원래 「はやい」(이르다)의 경어로, '참 이르십니다.' 하고 인사한 데서 나온 말. 친구나 손아랫사람에게는 「おはよう。」라고 한다.

---

003 일찍 나오셨네요.

おはやいですね。

---

004 일찍 왔구나.

今日(きょう)ははやいね。

- 우리는 "좋은 아침!" 하고 인사하기도 하는데, 일본에서는 이런 표현은 쓰지 않는다.

002 | 낮인사

005 안녕하세요?

こんにちは。

○ 「こんにちは。」는 낮시간에 하는 인사말로 따로 경어표현이 없으므로 누구에게나 쓸 수 있다. 단, 「は」는 원래는 〔하〕지만 조사로 쓰일 때는 〔와〕로 발음하는 것에 주의!

---

006 점심은 드셨어요?

ひるごはんはもう 食べましたか。

・もう: 이미, 벌써

---

007 예, 하고 왔어요. / 예, 먹었어요.

ええ、もう 食べて来ました。

ええ、もう 食べました。

---

008 아뇨, 아직 안했습니다. 같이 할까요?

いいえ、まだです。ごいっしょに いかがですか。

○ 편한 상대라면 「いっしょにどうですか。」.

003 | 저녁인사

009 안녕하세요?

こんばんは。

○ 저녁때 인사로, 직역하면 '오늘밤은?'이란 뜻이지만, 「こんにちは。」와 마찬가지로 "당신의 오늘 저녁은 어때요?(좋아요?)"라는 뜻이 내포되어 있다. 이것 역시 조사 「は」는 〔와〕로 발음한다. 따로 경어 표현이 없으므로 친구나 손윗사람 누구에게나 쓸 수 있다.

010 퇴근이 이르시네요.

お帰りがおはやいですね。

・帰(かえ)り : 귀가, 퇴근

011 어디 가시나보죠?

どこかいらっしゃるんですか。

012 예, 좀 볼 일이 있어서….

ええ、ちょっと用事があって…。

・用事(ようじ) : 볼일

004 | 식사를 할 때

013 (먹기 전에) 잘 먹겠습니다.

いただきます。

○ 꼭 식사 때만이 아니라 뭔가를 마실 때도 쓸 수 있다.

---

014 (먹고 나서) 잘 먹었습니다.

ごちそうさまでした。

○ 가족이나 친구끼리는 「ごちそうさま。」라고 한다.

---

015 입에 맞으셨어요?

お口(くち)に合(あ)いましたか。

・口(くち)に合(あ)う:입에 맞다

---

016 아주 맛있었어요.

とてもおいしかったです。

005 집을 나설 때

017 다녀오겠습니다.

行ってきます。

- 집이나 회사 어디에서나 쓸 수 있다. 정중하게 말해야 하는 자리라면 「行ってまいります」라고 한다.

---

018 다녀오세요. / 다녀와라.

行ってらっしゃい。

- 보통 집에서 많이 쓰지만, 회사에서 직장 동료가 잠시 어디 다녀올 때도 쓸 수 있다. '갔다오라'는 뜻으로 아이에게도 어른에게도 똑같이 쓴다. 좀 더 정중하게 말할 때는 「いってまいります。」(다녀오겠습니다.) 「いっていらっしゃい。」(다녀오십시오.)라고 한다.

---

019 (남편이)갔다올게.

行ってくるよ。

- 직장에서는 상사가 부하직원에게 이렇게 말하면 된다.

006 : 집에 돌아왔을 때

020 다녀왔습니다.

ただいま。

○ 「ただいま。」는 '다녀왔습니다, 이제 왔어, 나 왔어' 등의 뜻으로 특별히 정중한 표현 없이 누구나 쓸 수 있는 표현이다.

---

021 이제 오세요? / 어서 오세요.

おかえりなさい。

○ 이 때 맞이하는 사람은 「おかえりなさい。」라고 하는데 반말은 「おかえり。」(어서 와)라고 한다.

---

022 왜 이렇게 늦었어요?

おそかったですね。/おそかったわね。

---

023 (남편이) 오늘 회식이 있었어.

今日会食があったんだ。
きょうかいしょく

・会食(かいしょく) : 회식

007 | 먼저 퇴근할 때

024 먼저 퇴근하겠습니다.

おさきに失礼します。

- 「しつれいします。」는 원래 "실례하겠습니다."란 뜻인데, 여기서는 "가겠습니다."란 뜻으로 직장에서 먼저 퇴근할 때나 어떤 자리에서 먼저 일어날 때 쓰는 말이다. 또, 전화를 끊을 때 "안녕히 계세요"의 뜻으로 쓰기도 한다. 「お先(さき)に」는 '먼저'라는 뜻의 「先(さき)に」에 정중한 뜻을 나타내는 「お」가 붙은 말이다.

---

025 수고하셨습니다.

おつかれさまでした。

---

026 먼저 갈게.

じゃ、おさきに。

---

027 안녕! / 또 봐.

じゃね。

008 | 처음 만났다면

028 처음 뵙겠습니다.

はじめまして。

- 처음 만났을 때 주저없이 나와야 하는 인사말.

---

029 김민수라고 합니다.

Kim Min Suともうします。

---

030 잘 부탁드립니다.

どうぞよろしく。

- 더 정중하게 말하고 싶다면 뒤에 「おねがいします。」(부탁합니다.)를 덧붙이면 된다.

---

031 저야말로 잘 부탁드립니다.

こちらこそどうぞよろしく。

- 앞에 「いや」(아뇨)나 「いいえ」(아니오)를 넣어 말해도 OK.

009 | 안부를 물어볼 때

032 건강하세요?

お元気ですか。

- "잘 지냈니?"하고 반말로 할 때는 「元気(げんき)?」.

---

033 별고 없으세요?

お変わりありませんか。

- 이때 대답은 「ええ、おかげさまで。」(네, 덕분에요.)로 대답하면 된다.

---

034 여전히 바쁘신 것 같네요.

相変わらずお忙しそうですね。

- 相変(あいか)わらず:여전히
- お忙(いそが)しそうだ:바쁘신 것 같다

---

035 그저 그렇습니다.

まあまあです。

010 헤어질 때

036 그럼, 또. / 또 봐요.

じゃ、また。

- 친구나 동료에게 쓸 수 있는 표현.
  「じゃあね。」「それじゃ、またね。」라고도 한다.
  ・じゃ: 그럼=では〔데와〕
  ・また: 또

---

037 안녕히 가세요. / 안녕.

さようなら。

- 내일 또 볼 사람이 아니라 당분간 헤어지게 되었거나 멀리 떠날 때 쓰는 인사말이다. 노래 제목 '안녕이라고 말하지 마'를 일본어로 하면?
「さようならと いわないで。」.

---

038 또 만나요.

またお会(あ)いしましょう。

- 더 정중한 표현은 「またお目(め)にかかります。」(또 뵙겠습니다.) 친구 사이라면 「またね。」「バイバイ。」라고 하면 된다.

011 | 소개할 때

039 제 친구를 소개하겠습니다.

ぼくの友人(ゆうじん)を紹介(しょうかい)します。

- 흔히 정중하게 "소개해 드리겠습니다."라고 할 때는 「ご紹介(しょうかい)します。」라고 한다. 「ぼく」는 남자가 자신을 가리키는 말이고, 여성이라면 「わたし」라고 한다. '소개해 주세요'는 「紹介(しょうかい)してください。」 반말은 「紹介(しょうかい)してよ。」(소개해주라~.)
- ぼく(僕) : 나, 저(남자가 쓰는 말)
- 友人(ゆうじん) : 친구=ともだち

---

040 다나카 씨와는 한 번 뵌 적이 있었나요?

田中(たなか)さんとは一度(いちど)お会(あ)いしたことがありましたか。

- 一度(いちど) : 한 번
- ~たことがある : ~한 적이 있다

---

041 기무라 씨, 이쪽은 마리 씨예요.

きむらさん、こちらはマリさんです。

012 | 대답하기

042 예.

はい。

○ 여성의 경우「ええ。」도 회화에서 자주 쓴다. 반말은「うん。」(응.).

---

043 아니오.

いいえ。

○「いや」(아니)는 혼잣말로 많이 쓴다.

---

044 아뇨, 아닙니다.

いいえ、ちがいます。

---

045 네?

えっ? / はい?

○ 무슨 말인지 잘 못알아들었을 때 되묻는 표현이다. 이때 끝을 약간 올려서 발음한다.

013 방문할 때

046 실례하겠습니다.

失礼します。
しつれい

○ 안에 사람이 있다면 「はい、どうぞ。」(예, 들어오세요.)하고 맞아 주겠죠? 「失礼します。」는 남의 집이나 사무실에 들어갈 때도 쓰지만, 어떤 자리에서 먼저 일어날 때나 전화를 끊을 때도 쓸 수 있다.

---

047 누구 계세요?

ごめんください。

○ 「ごめんなさい。」(미안해요.)가 아니라 「ごめんください。」이다.

---

048 그럼 좀 들어가겠습니다.

じゃ、おじゃまします。

○ 「じゃま」는 '방해'란 뜻이므로 직역하면 '방해하겠습니다.'이지만 관용적으로 쓰는 표현이다. 볼일을 마치고 나올 때는 「おじゃましました。」하고 나오면 된다.

014 : 누군가를 불러세울 때

049 기무라 씨.

きむらさん。

- 「～さん」은 '～씨, 님'의 뜻으로 사람을 부를 때 가장 일반적으로 많이 쓰는 말이다. 단, 우리말은 '홍길동 씨'처럼 성과 이름을 다 부르지만, 일본에서는 「기무라 타쿠야」가 이름이라면 성(姓)에만 붙여 대개 '기무라상'과 같이 부르는 것이 보통이다.

---

050 선생님!

せんせい
先生!

- 학교 선생님뿐만 아니라 대학교수님도 직접 부를 때는 이렇게 부른다.

---

051 여보세요. / 여기요.

すみません。

- 음식점에서 점원을 부를 때나 사람을 부를 때 쓰는 말. 「おばさん」(아줌마), 「おじさん」(아저씨)과 같이 부르면 실례가 되므로 주의! 좀더 격의없는 표현으로 「ちょっといいですか。」(잠깐 괜찮아요?)라고도 하는데 어조에 따라서는 불쾌하게 들릴 수도 있다.

015 | 기다리게 할 때

052 잠깐만요.

ちょっと待ってください。

○ 어딘가 급히 가려는 사람을 멈추게 하거나 잠깐 기다리게 할 때 쓰는 표현.「ちょっと」는 원래 '조금'이란 뜻이지만, 이 때는 '잠깐'이란 뜻이다. "잠깐만(기다려)."이라고 할 때는「ちょっと 待(ま)って!」라고 한다.

---

053 잠시만 기다리십시오.

少々お待ちください。

○「少々」의「々」는 같은 한자가 반복될 때 쓰는 글자다.
・時々(ときどき): 때때로
・益々(ますます): 점점

---

054 기다리셨지요?

お待たせしました。

○ 상대방을 기다리게 해서 미안하다란 뜻이 담긴 표현이다.

016 | 감사표현

055 고맙습니다.

どうも。

○ 지하철에서 자리를 양보받았을 때 등 가볍게 고맙다고 할 때 쓰는 말이다. 뒤에 あいがとうございます가 생략되었다. 상대의 친절에 고마운 마음을 가볍게 전달할 때는 '미안해서 어쩌죠' 정도의 뉘앙스로 「すみません」도 많이 쓴다.

---

056 지난번에는 정말 감사했습니다.

先日(せんじつ)はどうもありがとうございました。

○ '이렇게 고마울 때가'라든지, '뭐라 감사의 말씀을 전해야 할지…' 등과 같이 말하고 싶을 때 이렇게 말하면 된다.

---

057 정말 감사해 하고 있습니다.

とても感謝(かんしゃ)しています。

○ 약간 딱딱한 표현이지만, 비즈니스에서는 흔히 쓸 수 있는 표현.

---

058 아뇨, 별말씀을.

いいえ、どういたしまして。

017 되물어볼 때

059 네?

えっ?

○ 상대방의 말을 잘 못알아 들었을 때 쓰는 말이다. 놀라서 되물을 때는 「えっ? なに?」(어? 뭐?) 「えっ? なんですって?」(네? 뭐라구요?).

---

060 좀 더 천천히 말씀해 주시겠어요?

もう少しゆっくり話していただけますか。

- もう 少(すこ)し : 좀 더
- ゆっくり : 천천히
- ~ていただけますか : ~해 주실 수 있습니까? ~해 주시겠어요?

---

061 잘 모르겠어요.

よくわかりません。

---

062 다시 한번 말씀해 주시겠어요?

もう一度おっしゃっていただけますか。

- もう一度(いちど) : 한번 더 = もう一回(いっかい)

018 | 사과할 때

063 죄송합니다.

申(もう)しわけありません。

○ 어떤 잘못을 저질렀을 때 정중하게 사과하는 표현이다. 더 정중한 표현은 「申(もう)しわけございません。」.

---

064 죄송해요. / 미안해요.

すみません。

---

065 미안합니다.

ごめんなさい。

○ 친구에게는 「ごめん。」(미안.), 「ごめんね。」(미안해.), 남자들끼리는 「わるいわるい。」「わるかった。」「もうしわけない。」도 많이 쓴다.

---

066 괜찮아요.

いいんですよ。

019 | 허가를 구할 때

067 여기 앉아도 됩니까?

ここに座ってもいいですか。

- '이 자리 비어 있어요?'라고 물을 때는「ここ、あいてますか。」라고 해도 된다.

---

068 이것, 써도 돼요?

これ、使ってもいいですか。

- 허가를 구할 때 가장 기본적인 문형이「～ても いいですか」이다.

---

069 안에 들어가도 돼요?

中に入ってもいいですか。

・中(なか)に入(はい)る: 안에 들어가다

---

070 네, 그러세요.

ええ、どうぞ。

- 허락하는 표현이다.

020 | 부탁할 때

071 부탁드립니다.

お願いします。

- 더 정중한 표현은 「お願(ねが)いいたします。」.

---

072 좀 도와 주시겠어요?

ちょっと手伝っていただけますか。

---

073 부탁드려도 될까요?

お願いしてもいいですか。

- "부탁이 있는데요."는 「お願(ねが)いがあるんですが。」.

---

074 부탁해!

お願い!

- 친구끼리 또는 손아래 사람에게 쓰는 말.

021 금지할 때

075 여기서 담배를 피우면 안 됩니다.

ここでタバコを吸ってはいけません。

- 「〜ては いけません」은 '〜해서는 안됩니다'란 뜻으로 대표적인 금지 표현의 하나이다. 또, 「いけません。」은 '안됩니다.'의 뜻으로 따로 쓸 수도 있다.

076 그만하세요. / 그만해.

やめなさい。

- 윗사람에게는 쓸 수 없는 강한 금지의 표현이다. 친구끼리 "됐어, 그만해." 할 때는 「もういい。」라고 한다.

077 여기에 주차하면 안됩니다.

ここに駐車してはいけません。

078 촬영금지.

撮影禁止。

022 | 물어볼 때 ①

079 얼마예요?

いくらですか。

- いくら : 얼마(가격을 물어볼 때)

---

080 화장실은 어디입니까?

トイレはどこですか。

- 「どこ」는 '어디'의 뜻으로 장소를 묻는 말이다. 참고로 장소를 물을 때 「どこですか。」는 "어디예요? 어디에 있어요?"란 뜻이고, 어떤 장소를 가리키며 「なんですか。」라고 하면 "뭐하는 곳이에요?"란 뜻이 된다.
- ここ : 여기 ・そこ : 거기 ・あそこ : 저기 ・どこ : 어디

---

081 이건 뭐예요?

これはなんですか。

- 「なんですか。」는 "뭐예요?" "무엇입니까?"란 뜻으로 사물의 이름을 묻는 표현이다.
- これ : 이것 ・それ : 그것 ・あれ : 저것 ・どれ : 어느것

023 : 물어볼 때 ②

082 지금 몇 시예요?

今 なんじですか。

- "4시 조금 지났습니다."는 「4時(よじ)すぎです。」 "4시 10분 전입니다."는 「4時(よじ)10分前(じゅっぷんまえ)です。」.

---

083 언제예요?

いつですか。

- 「いつ」 대신 「どこ」(어디) 「どちら」(어느쪽) 「だれ」(누구) 등을 넣어 물어보자.

---

084 성함은?

お名前は?

---

085 왜요?

どうしてですか。

- 「なんで?」(어째서?)도 회화에서 자주 쓰는 표현이다.

024 | 물어볼 때 ③

086 이 자동차는 어디 거예요?

この車(くるま)はどこのですか。

- 의문사 「どこ(어디)」에 「の(것)」가 붙은 표현으로 '어디 것', 즉 '어느 나라(혹은 브랜드)것' 이냐는 뜻이다. '누구 거예요?'라고 할 때는 「だれのですか。」라고 하면 된다.
- 車(くるま) : 자동차, 차

087 일본 것입니다.

日本(にほん)のです。

088 일본에서 여기(한국)까지 실어왔어요?

日本(にほん)から韓国(かんこく)まで持(も)ってきたんですか。

089 네, 배로 실어 왔죠.

ええ、船(ふね)で来(き)ました。

- 船(ふね) : 배

025 물건을 구입할 때

090 (머뭇거리다가) 그럼, 이걸로 주세요.

じゃ、これをください。

- 「じゃ」는 「では」의 회화체로 '그럼'이란 뜻. 「～をください」는 '～을 주세요'란 뜻으로 조사 「を(을/를)」 앞에 필요한 말을 넣어 말하면 된다.

---

091 (물건을 가리키며) 이거하고 이거 하나씩 주세요.

これと これ、ひとつずつ ください。

092 포장해 드릴까요?

おつつみ いたしましょうか。

- つつむ : 싸다, 포장하다
- お+ます형+いたす : ～해 드리다

---

093 따로 따로 포장해 주세요.

べつべつに つつんで ください(おねがいします)。

- "아뇨, 그냥 주세요."라고 할 때는 「いいえ、そのままで いいです。」
- べつべつに : 따로따로

026 나이를 물어볼 때

094 나이가 어떻게 되세요?

おいくつですか。

- 나이를 물을 때 쓰는 일반적인 표현이다. 우리말의 '연세가 어떻게 되세요?'나 '나이가 어떻게 되세요?' 등에 해당하는 말. 앞에 「しつれいですが。」(실례지만.)을 덧붙이면 더욱 정중하게 들린다.

---

095 몇 살이니?

いくつ?(↗)

---

096 만으로. / 한국나이로(세는 나이로).

満で。/ 数え で。

---

097 30대 초반이에요.

30代前半です。

- 후반은 「前半(こうはん)」, 갓 서른은 「30そこそこ」로 표현한다.
- 30代(さんじゅうだい) : 30대
- 20代(にじゅうだい) : 20대

027 띠를 물어볼 때

098 실례지만, 무슨 띠예요?

しつれいですが、えとは なんですか。

- '띠'는 일본어로 「えと」라고 한다. 띠를 읽는 법은 우리와 같은데 단, 돼지띠는 「ぶた」가 아니라 「いのしし」(멧돼지)라고 부른다.
  - ね(ねずみ:쥐)   · うし(소)   · とら(호랑이)   · う(うさぎ:토끼)
  - たつ(용)   · み(へび:뱀) · うま(말)   · ひつじ(양)
  - さる(원숭이)   · とり(닭)   · いぬ(개)   · い(いのしし:돼지)

---

099 원숭이 띠예요.

さるどしです。

- 「さる」(원숭이) 대신 해당하는 띠를 넣어 말하면 된다.

---

100 네? 그럼 저랑 동갑이네요.

え？じゃ、私(わたし)とおないどしですね。

- 「年(とし)」는 '해, 나이'라는 뜻이고, 「おない」는 「同(おな)じ(같다)」라는 뜻이다. 연상은 「年上(としうえ)」 연하는 「年下(としした)」.

028 때를 나타내는 말

101 밤에 몇 시에 자요?

夜(よる)なんじに寝(ね)ますか。

---

102 아침에 몇 시에 일어나요?

朝(あさ)なんじに起(お)きますか。

---

103 점심 때쯤 찾아뵙겠습니다.

おひるごろうかがいます。

> 아침은 「あさ」, 낮은 「ひる」, 밤은 「よる」라고 한다. 우리말은 "밤에 몇 시에 잡니까?"처럼 조사 '에'가 들어가지만, 아침, 점심, 밤과 같은 단어에는 '에'에 해당하는 조사 「に」를 붙이지 않는다.

☆ 때를 나타내는 말

- 朝(あさ) : 아침
- 昼(ひる) : 점심
- 夜(よる) : 저녁, 밤
- 昨日(きのう) : 어제
- 今日(きょう) : 오늘
- 明日(あした) : 내일
- 今年(ことし) : 올해
- 去年(きょねん) : 작년
- 来年(らいねん) : 내년
- 先週(せんしゅう) : 지난주
- 今週(こんしゅう) : 이번주
- 来週(らいしゅう) : 다음주
- さ来週(さらいしゅう) : 다다음주

029 | 자주 쓰는 부사

104 평상시대로.

いつものように。

○ '언제나 처럼' '항상 그랬던 것 처럼' 등의 뜻.

---

105 보통 몇 시에 집을 나섭니까?

いつも何時(なんじ)に家(いえ)を出(で)ますか。

---

106 대부분의 사람. / 대부분의 경우.

たいていの人(ひと)。 / たいていの場合(ばあい)。

○ 「たいてい」는 '대개', '대체적으로'란 뜻이고, 「いつも」는 '항상' '평소' '평상시'의 뜻으로 쓰인다.

> ☆ 빈도를 나타내는 말
> ・いつも : 항상
> ・ときどき : 때때로
> ・たまたま : 가끔, 때로는
> ・よく : 자주, 잘
> ・たまに : 가끔
> ・めったに : 거의(+부정)

2 두번째 장

일본어로 친구사귀기

030 처음 만났을 때

107 처음 뵙겠습니다. 다나카입니다. 잘 부탁합니다.

はじめまして。田中です。どうぞよろしく。

- 개인적인 만남이든 비즈니스든, 처음 만났을 때는 「はじめまして。」라고 인사하면 된다. "처음 뵙겠습니다." "안녕하세요?"의 뜻으로 가장 일반적인 인사말이다. 그 다음은 자신의 이름에 「です(입니다)」를 붙여서 「최선영です」와 같이 소개하면 된다

---

108 처음 뵙겠습니다. 김민수입니다. 저야말로 잘 부탁드립니다.

はじめまして。金ミンスです。

こちらこそどうぞよろしく。

- 「こちらこそ」는 '이쪽이야말로'란 뜻인데, 경어에서는 わたし(나), これ, ここ 등의 완곡한 표현으로 こちら를 쓰는 경우가 많다.

> ▶ 만나게 되어 반갑습니다.
> お会いできてうれしいです。
>
> ▶ 만나뵙게 되어 영광입니다.
> お目にかかれて光栄です。

031 개인적인 질문을 할 때

109 실례지만, 다나카 씨는 고등학생이에요?

しつれいですが、田中さんは高校生ですか。

○ 일본 사람에게 뭔가 개인적인 질문을 할 때 요긴하게 쓸 수 있는 말이 「しつれいですが。」(실례지만)이다. 「しつれいですが。」하고 잠시 뜸을 들임으로써 상대방이 대답할 준비를 할 수 있도록 배려하는 마음이 담긴, 매우 일본어다운 표현이다. 하지만, 처음 만나는 사람에게 월급이나, 학력(출신학교), 결혼여부, 나이 등을 묻는 것은 피하는 것이 좋다.

---

110 아뇨, 대학생입니다.

いいえ、大学生です。

○ 고등학생은 「高等学生(こうとうがくせい)」라 하지 않고 「高校生(こうこうせい)」라고 한다. 보통 学生(がくせい)라고 하면 대학생을 가리킨다.
・대학생 : 大学生(だいがくせい)
・고등학생 : 高校生(こうこうせい)
・중학생 : 中学生(ちゅうがくせい)
・초등학생 : 小学生(しょうがくせい)

032 | 소개하기

111 다나카 씨, 이쪽은 스즈키 씨예요.

田中さん、こちらはすずきさんです。

---

112 안녕하세요. 스즈키입니다. 앞으로 신세 좀 지겠습니다.

はじめまして、すずきです。いろいろお世話になります。

- 「お世話(せわ)になります。」는 (업무상 혹은 개인적으로) 앞으로 같이 지내게 될 사람에게 잘 부탁한다는 뜻에서 건네는 인사말이다.
  - いろいろ : 여러가지(로)
  - お世話(せわ)になる : 신세를 지다

---

113 별말씀을 다 하십니다.

とんでもありません。

- 「とんでもありません。」은 '천만에요.' '별말씀을 다 하십니다.' 정도에 해당하는 말로, 상대방이 감사나 칭찬의 말을 했을 때, 겸손하게 응대하는 관용표현이다. 반말로 '천만에.', '무슨 그런 말을.' 할 때는 보통체 「とんでもない。」라고 말하면 된다.

033 직장을 물어볼 때

114 실례지만, 스즈키 씨의 회사는 어디십니까?

しつれいですが、すずきさんの会社はどちらですか。

○ 어느 회사에 다니는지를 묻는 표현이다. "댁이 어디세요?"라고 물을 때는 「会社」대신 「お宅(たく)」 또는 「お住(す)まい」를 넣어서 물어보면 된다. 「どちらですか。」는 "어느쪽입니까?"라는 뜻으로 방향을 물을 때도 쓰지만, 상황에 따라 회사나 학교 이름, 또는 그곳의 위치를 물을 때도 쓴다. 참고로, 모르는 사람이 찾아왔을 때 「どちらさまですか。」라고 하면 "누구시죠?"라는 뜻이다.

---

115 도쿄 상사입니다.

東京商事です。

- 会社(かいしゃ) : 회사
- 東京商事(とうきょうしょうじ) : 도쿄상사

034 | 위치나 장소를 물어볼 때

116 죄송하지만, 화장실은 어디예요?

すみませんが、トイレはどこですか。

○ 「どこですか。」는 "어디예요?" "어디에 있어요?"의 뜻으로 위치를 물어보는 말이다.

---

117 화장실은 저기예요.

トイレはあそこです。

---

118 그럼, 목욕탕은?

じゃ、おふろは？

---

119 목욕탕도 거기예요. 화장실과 목욕탕은 같이 있어요.

おふろもあそこです。

トイレとおふろはいっしょです。

○ 「おふろ」는 대중목욕탕이 아니라 집에 있는 목욕탕(욕실)을 말하며, 대중목욕탕은 「銭湯」(せんとう)라는 말이 따로 있다. 집에서 목욕하는 것은 「おふろに入(はい)る。」, 목욕탕에 가는 것은 「銭湯(せんとう)に行(い)く。」라고 한다.

035 | 층수를 물어볼 때

120 저기는 뭐예요?

あそこはなんですか。

- 「なんですか。」는 사물의 이름을 묻는 말이지만, 건물이나 기관 등에 쓰면 쓰이는 용도나 기능을 묻는 말이 된다.

---

121 부엌이에요.

台所(だいどころ)です。

---

122 그럼, 김민수 씨 방은 몇 층이에요?

じゃ、金さんの部屋(へや)は何階(なんがい)ですか。

- 우리말의 '~층'을 일본어로는 「~かい(階)」라고 한다. 이와 발음이 같은 말로 '횟수'를 나타내는 「回(かい)」가 있는데, 차이점은 앞에 숫자 3이 올 때 '3회, 세 번'은 「さんかい」, '3층'은 「さんがい」로 발음하고 나머지 숫자가 앞에 올 때 읽는 방법은 같다.

---

123 제 방은 2층이에요.

わたしの部屋(へや)は2階(にかい)です。

036 | 누구 물건일까요?

124 다나카 씨, 이건 누구 가방이에요?

田中さん、これはだれのかばんですか。

○ 「だれのかばん」은 '누구의 가방' 즉 '누구 가방'이라는 뜻이다. 일본어는 명사와 명사가 연결될 때 중간에 「の」가 들어가지만, 우리말에서는 거의 생략되는 경우가 많다. 「の」는 '~의'라는 뜻 말고도 '~의 것'이란 뜻도 있어, 「わたしのです。」하면 "제 것이에요."라는 뜻이 된다.

---

125 앗, 미안해요. 그거 제 거예요.

あっ、すみません。それはわたしのです。

○ 「あっ、すみません。」(앗, 미안해요.)은 자신이 놓아둔 가방 때문에 상대방에게 혹 폐를 끼쳤을까 하는 생각에서 가볍게 사과하는 뜻으로 한 말이다.

・かばん : 가방(발음은 우리말과 같다.)
・あっ : 앗
・わたしの : 내 것

037 | 브랜드를 물어볼 때

126 실례지만, 그 가방은 어디 거예요?

しつれいですが、そのかばんはどこのですか。

- 「どこの~」는 '어디의 ~' '어디에서 만든 ~'이라는 뜻이다. 그 물건을 만든 국가명이나, 그 물건을 만든 회사, 즉 브랜드를 물어볼 때 쓰는 말이다. 또, 「そのかばんはどこのですか。」(그 가방은 어디 거예요?)는 「それはどこのかばんですか。」라고 해도 같은 뜻이다.

---

127 일본 거예요.

日本のです。
にほん

- 「日本(にほん)のです。」하면 "일본 것입니다." 즉 "일제입니다."라는 뜻이다. 「日本」 대신 韓国(かんこく:한국), アメリカ(미국), フランス(프랑스), ドイツ(독일) 등 국가명을 넣거나 シャネル(샤넬), ソニー(소니) 등 브랜드 이름을 넣어 말하면 된다.

- 日本(にほん) : 일본(「にっぽん」으로 읽기도 한다.)

038 | 집에 찾아갔을 때

¹²⁸ 누구 계세요?

ごめんください。

- 「ごめんください。」는 남의 집에 들어가면서 집주인을 부를 때 쓰는 말로, "계십니까?", "누구 안 계세요?"의 뜻이다. 「いらっしゃい。」는 찾아온 손님을 반갑게 맞이할 때 쓰는 말이다.

---

¹²⁹ 앗, 김민수 씨. 어서오세요. 자, 들어오세요.

あっ、金さん。いらっしゃい。さあ、どうぞ。

- 「さあ、どうぞ。」는 손님을 안내할 때 쓰는 말로, "어서 들어오세요" "이쪽으로 오세요" 정도에 해당한다.

---

¹³⁰ 실례하겠습니다.

おじゃまします。

- 「おじゃまします。」는 남의 집에 들어가면서 자신이 들어감으로써 방해가 되어 죄송하다는 뜻이 담긴 표현으로, "그럼, 좀 들어가겠습니다." "실례하겠습니다."란 뜻이다.

039 | 날씨에 대해 얘기할 때

131 오늘은 날씨가 참 좋군요.

きょうはとてもいい天気ですね。

- "날씨가 좋군요."라고 할 때는, 우리말을 그대로 직역해서 「天気(てんき)がいいですね。」하기보다는 「いい天気(てんき)ですね。」라고 하는 것이 훨씬 자연스럽다.

---

132 그렇군요. 어딘가 가고 싶네요.

そうですね。どこか行きたいですね。

- 「そうですね。」는 위의 대화문과 같이 상대방의 말을 인정하고 맞장구 칠 때도 쓰지만, 상대방의 질문에 대답을 바로 못하고 잠시 생각할 때 "글쎄요"나, 자신의 생각이 옳다는 것을 상대방에게 확인할 때 "그렇지요?" "맞지요?" 할 때도 쓴다.

▶ 시원하네요.	すずしいですね。
▶ 비가 오네요.	雨が降っていますね。
▶ 덥네요.	暑いですね。
▶ 눈이 오네요.	雪が降っていますね。
▶ 바람이 많이 부네요.	風が強いですね。

040 | 생각이나 의견을 말할 때

133 그런데, 이 방은 밝네요.

ところで、この部屋(へや)は明(あか)るいですね。

---

134 네, 김민수 씨 방은 어떤데요?

ええ、金さんの部屋(へや)はどうですか。

- 「ええ。」는 「はい。」보다 격의없고 부드러운 표현으로, 회화체에서 가볍게 대답할 때 많이 쓴다.

---

135 음~. 좀 어둡지만, 아주 조용해요.

そうですね。ちょっと暗(くら)いですが、とても静(しず)かです。

- 「ちょっと」는 '조금' '약간'의 뜻으로, 부정문 앞에 와서 말을 부드럽게 하는 역할을 하며, 문장체보다는 회화체에서 주로 쓰인다.

- 部屋(へや) : 방
- 明(あか)るい : 밝다
- 暗(くら)い : 어둡다
- 静(しず)かだ : 조용하다

041 뭐하는 곳이냐고 물어볼 때

136 김민수 씨, 저 건물은 뭐예요?

金さん、あの建物(たてもの)はなんですか。

○ '건물'은 한자로「建物」이라고 쓰고「たてもの」라고 읽는다.

---

137 어느 것이요?

どれですか。

---

138 저것 말이에요.

あれですよ。

---

139 아, 저건 시청이에요.

あー、あれは市役所(しゃくしょ)です。

○「市役所(しやくしょ)」는 '시청'이란 뜻이고,「役所(やくしょ)」(야쿠쇼) 라고 하면 관청을 통틀어 칭하는 말이다.「しちょう」라고 하면 '시청'이 아니라 '시장(市長)'이란 뜻으로 오해 받을 수도 있다. 또, 공무원은「公務員(こうむいん)」이라고도 하지만,「役人(やくにん)」이라고도 한다.

042 구체적인 묘사를 할 때

140 서울시의 마크는 어떤 마크예요?

ソウル市のマークはどんなマークですか。

> 「どんな」는 '어떤'의 뜻으로, 어떤 사물에 대한 구체적인 특징이나 모양을 물을 때 쓴다. 또, 이「どんな」를 사람에게 써서,「Aさんはどんなかたですか。」(A씨는 어떤 분이십니까?)라고 하면 그 사람의 외모나 성격 등을 묻는 말이 된다.

---

141 저거예요. 태양과 산과 강의 이미지예요.

あれですよ。太陽と山と川のイメージです。

- 太陽(たいよう) : 태양
- 山(やま) : 산
- 川(かわ) : 강
- イメージ : 이미지

▶ 어떤 회사예요?	どんな会社ですか。
▶ 어떤 노래예요?	どんな歌ですか。
▶ 어떤 사람이에요?	どんな人ですか。
▶ 어떤 책이에요?	どんな本ですか。

043 | 기호를 물어볼 때

142 그런데, 다나카 씨는 계절 중에 언제가 가장 좋아요?

ところで、田中(たなか)さんは季節(きせつ)の中(なか)でいつが一番好(いちばんす)きですか。

> 「～の中(なか)で」는 '～중에서'라는 뜻이다. '～중에서'가 가리키는 내용에 따라 적절한 의문사를 골라 써야 하는데, 가령 위와 같이 계절이나 시간은 「いつ」(언제), 물건이면 「なに」(무엇), 사람이면 「だれ」(누구)를 넣어서 말하면 된다. 「好(す)きだ」는 '좋아하다'는 뜻의 ナ형용사로 그 대상을 나타내는 조사는 「を」(을/를)가 아니라 「が」(이/가)를 쓴다는 점에 유의하자. 반대말은 「きらいだ」(싫어하다).

---

143 여름이 제일 좋아요.

夏(なつ)が一番好(いちばんす)きです。

- ところで : 그런데(화제를 바꿀 때)
- 季節(きせつ) : 계절
- 一番(いちばん) : 제일
- 春(はる) : 봄 / 夏(なつ) : 여름 / 秋(あき) : 가을 / 冬(ふゆ) : 겨울

044 취미를 물어볼 때

144 영화는 좋아하세요?

映画はお好きですか。

- 상대방에게 '~을 좋아하냐'고 물을 때는 「お好(す)きですか。」처럼 「お」를 넣으면 된다. 이 「お」는 존경을 나타내는 말이기 때문에 자신이 '좋아합니다' 할 때는 「お」를 넣으면 안된다. '바쁘세요?' 하려면 「いそがしい」에 お를 넣어 「おいそがしいですか。」라고 하는 것이다.

145 네, 좋아해요.

ええ。好きです。

146 어떤 영화를 좋아하세요?

どんな映画がお好きですか。

- 「好きだ」 앞에는 조사 「が」가 온다는 사실도 확인해 두자. 「映画(えいが)」는 '에―가'로 발음한다.

> · 영화의 종류 ·
> 政治(せいじ)もの 정치물
> 医療映画(いりょうえいが) 의료영화
> 戦争映画(せんそうえいが) 전쟁영화
> 裁判映画(さいばんえいが) 재판영화
> ホラー 호러(공포)
> ミステリー 미스터리
> 犯罪(はんざい) 범죄
> アドベンチャー 어드벤처
> SF映画 SF(공상과학)

045 경험을 말 할 때

147 그런데 김민수 씨는 일본 영화 본 적 있어요?

ところで、金さんは日本の映画を見たことがありますか。

- '~한 적이 있다/없다'는 「~たことが ある/ない」라고 한다. 「聞(き)き取(と)る」는 '알아듣다', 여기에 「の」가 연결되어 '알아듣는 것' '알아듣기'라는 명사구가 되었다.

---

148 네, 몇 개 봤는데, 알아듣기가 너무 어려워서….

ええ、いくつか見ましたが、聞き取るのがけっこうむずかしくて…。

- 「けっこう」는 '상당히, 제법, 꽤'라는 뜻인데, 보통 「けっこう~て」로 '생각보다 ~해서'라는 뉘앙스가 들어있는 말이다. 상대방의 권유를 정중하게 거절할 때 "이제 됐습니다."라는 뜻의 「けっこうです。」도 같이 알아 두자.

- 동사의 과거형+たことがある/ない : ~한 적이 있다/없다
- いくつか : 몇 개인가
- 聞(き)きとる : 알아듣다
- けっこう : 제법, 꽤

046 | 당신의 특기는?

149 다나카 씨는 영어하고 불어 중에 어느쪽을 잘해요?

田中さんは英語(えいご)とフランス語(ご)とどちらが上手(じょうず)ですか。

○ 둘 중의 비교를 나타내는 「と~とどちらが」 문형이다.

---

150 글쎄요. 잘 하지는 못하지만, 영어가 자신 있어요.

そうですね。上手(じょうず)ではないですが、英語(えいご)のほうが得意(とくい)です。

○ 특별히 잘하는 것은 아니지만, 다른 것에 비해 '자신있다/자신없다'고 할 때는 「とくいだ/にがてだ」를 쓰고, 운동이나 어학처럼 어떤 특별한 능력이나 기술이 뛰어날 때는 「じょうずだ/へただ」, 공부를 잘할 때는 「勉強(べんきょう)ができる/できない」, 술을 잘 마실 때는 「おさけがつよい/よわい」라고 말한다.
・英語(えいご):영어 → 英会話(えいかいわ):영어회화
・フランス語(ご):불어 → フランス語(ご)会話(かいわ):불어회화
・得意(とくい)だ:자신있다 ↔ にがてだ:자신없다, 다루기 힘들다

047 | 음료를 주문할 때

151 다나카 씨, 음료수 어때요?

田中さん、飲(の)み物(もの)はいかがですか。

- 「いかがですか。」는 '어떠십니까/ 어떠세요?'란 뜻으로, 의향을 물어볼 때 쓰는 말이다. 이보다 덜 정중한 표현은 「どうですか。」(어때요?), 반말은 「どう。」(어때?)라고 한다.

---

152 음료수요?

飲(の)み物(もの)ですか。

---

153 주스하고 커피 중에서 어느것이 좋아요?

ジュースとコーヒーとどちらがいいですか。

---

154 그럼, 주스로 부탁해요.

じゃ、ジュースをおねがいします。

- 「~をおねがいします」는 상대방이 음료 등을 권했을 때 그 대답으로 쓸 수 있는 말이다. 직역하면 '~을 부탁합니다'이지만, '~로 주세요' '~로 부탁합니다'로 해석하는 것이 자연스럽다.
- 飲(の)み物(もの):음료,마실 것

048 한턱 내고 싶을 때

155 (자동판매기 앞에서) 얼마예요?

いくらですか。

---

156 됐어요. 오늘은 제가 사는 거예요. 자요.

いいですよ。きょうは私(わたし)のおごりです。どうぞ。

- 「おごり」는 동사 「おごる」(한턱내다)의 명사형으로, 「私のおごりです。」하면 "제가 살게요.", "제가 낼게요."라는 뜻이다. 이 때 「私が 買(か)います。」라고 하기 쉬운데, 관용표현으로 외워두는 것이 좋겠다.

---

157 앗, 고마워요.

あっ、どうも。

- 뭔가를 권하면서 "드세요." 하거나 "자요."라고 할 때 편리하게 쓸 수 있는 말이 「どうぞ。」이고, 여기에 대한 응답표현은 「どうも。」라는 것도 기억하자.

049 : 음식을 권할 때

158 어쩐지 배가 좀 고픈데요.

なんだかおなかがすきましたね。

○ 반말로 '배고파.' 할 때는 「おなかすいた。」라고 한다.

---

159 그래요. 뭘 좀 먹지요. 뭐가 좋아요?

そうですね。なにか食べましょう。

なにがいいですか。

○ 「なにか」는 '뭔가'란 뜻이고 「なにが」는 '무엇이' '뭐가'라는 말이다. 조사가 다르므로 구분해서 써야 한다. 한편 상대방이 더 먹으라고 권할 때, '이제 됐어요.' '이제 배불러요.'라고 말하고 싶다면 「もういっぱいです。」라고 한다.

---

160 난, 뭐든지 좋은데. 다나카 씨는요?

わたしはなんでもいいですけど。田中さんは?

---

161 그럼, 피자 안 먹을래요?

じゃ、ピザを食べませんか。

・なんだか: 어쩐지
・なにか: 무언가, 뭔가 / なにが: 무엇이, 뭐가 / なんでも: 뭐든지

050 | 식사중에

162 거기 가루 치즈 좀 주실래요?

そこの粉(こな)チーズちょっといいですか。

- 「そこの〜ちょっといいですか」는 직역하면 '거기 〜 좀 괜찮습니까?'로, 약간 애매한 표현이지만, 상대방의 물건이나 상대방 가까이 있는 것을 잠시 쓰고 싶을 때 양해를 구하는 말이다. 우리말의 '거기 있는 〜 좀 주시겠어요?' 정도로 생각하면 OK!

163 예, 여기요.

はい、どうぞ。

164 제법 맛있네요.

なかなかおいしいですね。

165 이 집 이 근처에서는 유명해요.

ここはこのへんでは有名(ゆうめい)なんですよ。

▶ 거기 있는 신문 좀 주시겠습니까?
そこの新聞(しんぶん)ちょっといいですか。

▶ 거기 있는 냅킨 좀 주시겠습니까?
そこのナプキンちょっといいですか。

051 | 아침식사에 대해

166 그런데 아침은 항상 드세요?

ところで、朝ごはんはいつも食べますか。

---

167 아뇨, 아침에는 항상 바빠서 아침밥을 거를 때가 많아요.

いいえ、朝はいつもぎりぎりなので、朝ごはんを抜くことが多いです。

- 「ぎりぎり」는 시간적인 여유가 없어서 몹시 촉박한 모양을 나타내는 말이다. '아침을 거르다(굶다)'는 「朝(あさ)ごはんを抜(ぬ)く」라고 한다. '굶다'는 「飢(う)える」라는 단어가 있지만, 이건 '굶주리다'란 뜻이므로, 「朝(あさ)ごはんを飢(う)える」라고는 하지 않는다. 또 「いつも」는 '항상'이란 뜻이지만, '보통때' '평소'의 뜻으로도 자주 쓰인다.
- ぎりぎり : 빠듯한 모양
- 朝(あさ)ごはんを抜(ぬ)く : 아침(밥)을 거르다
- 동사의 기본형 + ことが多(おお)い : ~하는 경우(일)가 많다

052 | 자신의 생각을 말할 때

168 한국은 일본보다 훨씬 물가가 싸지요?

韓国は日本よりずっと物価が安いでしょう？

- ずっと : 훨씬
- 物価(ぶっか) : 물가

---

169 아뇨, 저는 그렇게 생각하지 않아요.

いいえ、私はそうは思いません。

- 상대방의 의견에 반대의사를 나타낼 때 '그렇진 않을 거예요.'라는 뜻으로 상당히 강하게 자신의 생각을 주장하는 표현이다. 「そうは」부분에 주의하자.
- 비슷한 표현으로 「それはちがいます。」(그건 아닙니다./그렇지 않아요.)는 부정할 때 쓰는 표현이다. 일본 사람들은 이런 부정적인 표현을 즐겨 쓰는 편은 아니지만, 자신의 생각을 분명히 밝혀야 할 경우에 대비해서 외워두자.
- そうは : 그렇게는
- 思(おも)う(생각하다) ≒ 考(かんが)える

53 계획을 물어볼 때 ①

170 이번 여름 방학 때 뭐 할 거예요?

今度の夏休みには何をするつもりですか。

○ 예정을 나타내는 말로 자주 쓰는 것이 「つもり」(작정입니다)와 「～と思(おも)っています」(～할려고 합니다)이다. 뒷말은 「と」앞에 동사의 의지형이 오지만, 「つもり」는 기본형에 연결된다.

---

171 글쎄요. 일단 일본에 돌아가서 푹 쉴 생각인데요.

そうですね。とりあえず日本へ帰ってゆっくりしようと思っていますが。

・とりあえず : 일단
・ゆっくりする : 푹 쉬다

> ▶ 유학갈 생각이에요.
>
> 留学するつもりです。　　〈마음 속의 다짐〉
>
> 留学しようと思っています。　〈실천 가능성이 높음〉
>
> 留学する予定です。　　〈구체적인 계획을 세웠음〉

054 계획을 물어볼 때 ②

172 김민수 씨는 뭐 할 건데요?

金さんは何(なに)をするつもりですか。

---

173 저는 일본어공부를 하면서 아르바이트를 할려고 해요.

わたしは日本語(にほんご)の勉強(べんきょう)をしながらアルバイトをしようと思(おも)っています。

- 아르바이트는「アルバイト」또는 줄여서「バイト」라고 하고, 아르바이트가 주업(主業)인 사람은 보통「フリター」라고 한다.「〜ながら」는 '〜하면서'의 뜻으로 두 가지 동작을 동시에 할 때 쓰는 말인데, 뒤에 오는 동작이 주동작이라 할 수 있다.

---

174 그래요? 뭐 좋은 아르바이트라도 찾았어요?

そうですか。なにかいいアルバイトでも見(み)つかりましたか。

- 최근 일본은 젊은 실업자들이 늘어나면서, 정식으로 취직하지 않고 아르바이트로 생활하는 사람들이 늘어나는 추세다.
- 勉強(べんきょう): 공부 ＊「工夫(くふう)」는 '연구, 궁리'란 뜻.
- アルバイト: 아르바이트
- 見(み)つかる: 찾다, 발견되다 ＊「さがす」는 '없어진 것을 찾다' '수사, 수색'의 뜻이고,「しらべる」는 '알아보다' '조사하다' '점검'의 의미.

055 계획을 물어볼 때 ③

175 아르바이트로 돈을 모아서 일본에 갈 예정이에요.

アルバイトでお金をためて日本へ行く予定なんです。

- 「つもり」가 막연한 생각이나 작정을 나타낸다면, 「予定(よてい)」는 이미 결정된 사실을 나타낼 때 쓰는 말이다. 우리말도 '3시에 회의가 있을 예정이다'라고 하지 '3시에 회의가 있을 작정이다'라고 말하지 않듯 일본어도 말하는 사람의 의지가 들어갈 때는 「つもり」, 말하는 사람의 의지보다는 이미 예정된 사항을 나타낼 때는 「予定(よてい)」를 쓴다.

---

176 네에? 일본이요? 혼자서 가는 거예요?

へえ、日本ですか。一人で行くんですか。

- 「一人(ひとり)で」는 '혼자서' '둘이서'는 「二人(ふたり)で」라고 한다. '전부 다같이'는 「みんなで」.
- お金(かね)を ためる : 돈을 모으다
- 一人(ひとり)で : 혼자서

056 | 다른 사람의 말을 전할 때

177 이미나 씨도 일본에 간다고 하던데요.

李さんも日本へ行くと言ってましたよ。

- 「～と言(い)ってました」는 다른 사람이 한 말을 자신이 직접 듣고 또다시 누군가에게 전할 때 쓰는 표현이다.

---

178 네에? 정말이에요? 이미나 씨도 혼자서 간다고 하던가요?

へえ、ほんとうですか。李さんも一人で行くと言ってましたか。

---

179 네, 그렇게 말하던데요.

ええ、そう言ってました。

- 「そうだ」를 써서 「李さんも日本(にほん)へ行(い)くそうです。」(이미나 씨도 일본에 간답니다.) 할 수도 있지만, 「～と言(い)っていました」쪽이 좀더 회화체적인 표현이라고 할 수 있다. 「言(い)ってました」는 「言(い)っていました」의 축약형. 만약 자신이 직접 들은 말은 아니지만, 들리는 얘기에 의하면 가는 것 같더라고 말할 때는 「日本へ行くらしいです。」(일본에 간다는 것 같아요.)와 같이 표현할 수 있다.

057 | 생각해 볼게요.

180 며칠 있다가 풀장에 갈 생각인데, 다나카 씨도 어때요?

近(ちか)いうちにプールに行(い)くつもりなんですが、田中(たなか)さんもどうですか。

---

181 그래요? 하지만 전 수영할 줄 모르는데…. 생각해 볼게요.

そうですか。でもわたし泳(およ)げないので、考(かんが)えておきます。

○ '생각해볼게요.'는「考(かんが)えてみます。」라고도 한다.

---

182 제가 가르쳐 줄테니까, 가요.

わたしが教(おし)えてあげますから、行(い)きましょうよ。

○ '생각해볼게요.'는「考(かんが)えてみます。」라고도 한다. '가르쳐 드릴게요.'를「教(おし)えてあげます。」대신「お教(おし)えしましょうか。」라고 하면 더욱 정중한 표현이 된다.
・近(ちか)いうちに : 며칠 있다가, 조만간
・泳(およ)げる : 수영할 수 있다

058 │ 누군가 했더니

183 어머, 누군가 했더니 김민수 씨 아니세요?

あら、誰かと思ったら金さんじゃありませんか。

○ 생각지도 못한 장소에서 누군가를 보았을 때 "난 또 누구라고~" "누군가 했더니"에 해당하는 표현이 「だれかと思(おも)ったら」이다.

---

184 야아, 다나카 씨. 오랜만이네요.

やあ。田中さん。おひさしぶりですね。

○ 「~と思(おも)う」는 '~라고 생각하다'라는 뜻으로 간단한 표현이지만, 다음과 같이 쓰이기도 한다.

> ▶ 설마 그 사람(남자)이랑 결혼하리라고는 생각도 못했어.
>   まさかかれと結婚するとは思わなかった。
>
> ▶ 부모님이 이렇게 반대하실 줄은 몰랐어.
>   両親がこんなに反対するとは思わなかった。

059 | 많이 탔네요.

185 다나카 씨 많이 탔네요.

田中さん、ずいぶん日焼(ひや)けしましたね。

- 「ひやけする」는 햇볕에 그을러 타는 것을 말한다. 「ひやけしている」는 '햇볕에 타서 피부가 까맣다'는 뜻이다. 그냥 「やけましたね。」라고도 한다.

---

186 김민수 씨도 많이 탔네요.

金さんのほうこそ。

---

187 올해는 두 번이나 바다에 갔거든요.

ことしは2回(にかい)も海(うみ)に行(い)ったんです。

- 「~んです」는 주로 이유를 설명하거나 이유가 뭐냐고 물어볼 때 쓰는 표현으로 원래 「~のです」인데 회화체에서 「の」가 「ん」으로 바뀐 것이다. 「ずいぶん」은 '꽤, 상당히, 많이'란 뜻의 부사다.
- こそ : ~야 말로
- ことし(今年) : 올해, 금년
- 2回(にかい)も : 두 번이나

060 | 날씬해지셨네요.

188 몰라보게 날씬해지셨네요.

すっかりスマートになりましたね。

- '날씬하다'는「ほそい」(가늘다)라고도 하는데, 날씬해져서 더 보기 좋아졌다고 할 때는「スマートになりましたね。」하고 칭찬을 해 주자. 이런 아부성 칭찬 말고 그냥 '살이 빠졌네' 할 때는 「やせたねやせたねー。」(살 빠졌네.)라고 한다. 일반적으로 '날씬하다, 뚱뚱하다'고 할 때는「はやせている/ふとっている」와 같이「ている」로 표현한다.
- **すっかり**: 몰라보게, 죄다, 몽땅, 남김없이

---

189 그래요? 고마워요. 실은 다이어트했어요.

そうですか。どうも。
実(じつ)はダイエットしたんですよ。

- 「実(じつ)は」는 어떤 사정을 설명할 때 습관적으로 앞에 붙이는 말. 지금까지가 거짓말이란 뜻은 아니고 뒤에 나오는 말에 귀를 기울여야 하는 신호로 이해하면 되겠다.

---

190 네? 정말이에요?

えっ？ ほんとうですか。

061 | 그것, 어디서 났어요?

191 우와, 꽃다발 예쁘네요. 어디서 났어요?

うわー、きれいな花束(はなたば)ですね。どうしたんですか。

- 「どうしたんですか。」는 상대방의 안색이나 표정을 보고 말할 때는 "무슨 일 있어요?"의 뜻이지만, 못보던 옷이나 물건 등을 보고 「どうしたんですか。」하면 "(그거)어디서 났어요?"라는 뜻이다.
- 花束(はなたば):꽃다발

---

192 이것, 친구가 준 거예요.

これ友達(ともだち)がくれたんです。

- 생일은 「生日」이라고 하지 않고 「誕生日(たんじょうび)」라고 한다. 하지만, '태어난 날'이라고 할 때는 「生(う)まれた日(ひ)」라고 한다. 何年生(なんねんせい)는 '몇 년생'이 아니라 '몇 학년'이라는 뜻이다.

---

193 실은 오늘 제 생일이거든요.

実(じつ)は今日(きょう)わたしの誕生日(たんじょうび)なんです。

- 実(じつ)は:실은, 사실은
- 誕生日(たんじょうび):생일(생신은 お誕生日)

062 뭐가 좋을까?

194 나도 뭔가 선물을 할게요.

ぼくもなにかプレゼントをあげますよ。

- (내가 누군가에게) '주다'는 「あげる」, '받다'는 「もらう」, 다른 사람이 나에게 '주다'는 「くれる」라고 한다. プレゼント는 일반적인 '선물'을 뜻하고, 여행지에서 사온 선물은 「おみやげ」라고 한다.

---

195 뭐가 좋을까?

なにがいいかな。

- 「なにがいいかな。」는 '뭐가 좋을까?'란 뜻으로 혼잣말이다.

---

196 괜찮아요. 친구한테 이 꽃다발도 받았는데요, 뭘.

いいですよ。友達にこの花束ももらったことだし。

- 「〜も 〜ことだし」는 '〜도 〜(했)고'라는 뜻으로, 어떤 일이 완료되었거나 잘 마무리되었을 때 쓰는 표현이다. 「なつやすみもおわったことだし」하면 '여름방학도 끝났고'라는 뜻.
- あげる:(내가 남에게)주다
- もらう:받다
- くれる:(남이 나에게)주다
- 花束(はなたば):꽃다발

063 쑥스럽게

197 김민수 씨, 어제는 고마웠어요.

金さん、きのうはどうも。

○ 「きのうはどうも。」는 어제 생일 축하받은 것에 대해 고맙다고 인사하는 표현이다. 좀 지난 일이라면 「先日(せんじつ)はどうも。」라고 한다.

---

198 김민수 씨가 생일을 축하해 줘서 정말 기뻤어요.

金さんに誕生日を祝ってもらってほんとうにうれしかったですよ。

- 祝(いわ)う : 축하하다
- 祝ってもらう : 축하받다

---

199 무슨 그런 말을. 괜찮아요. 쑥스럽게….

そんな、いいですよ。てれるじゃないですか。

○ 「てれるじゃないですか。」는 "쑥스럽잖아요." "쑥스럽게"라는 뜻으로 기본형은 「てれる」이다.
- てれる : 수줍어하다, 쑥스러워하다
- てれくさい : 멋쩍다, 겸연쩍다

064 | 잠깐 실례하겠습니다.

200 김민수 씨, 전화가 울리고 있는데요.

金さん、電話がなってますよ。

- 이 대화는 어떤 상황일까? 김민수 씨의 전화벨소리(아마 휴대폰이겠지만)를 상대방이 듣고 '전화 온 것 같은데요.' 하고 일러주고 있다.

---

201 아, 잠깐 실례하겠습니다.

あっ、ちょっと失礼します。

- 「ちょっとしつれいします。」(잠깐 실례하겠습니다.)는 잠깐 자리를 비우거나 해서 상대방을 기다리게 할 때 쓰는 말로, 친구나 손아랫사람에게 "잠깐만!" 할 때는 「ちょっとごめん!」이라고 하면 된다. 또 하나, 전화를 끊을 때도 「しつれいします。」라고 한다는 것 기억하자.
- なる(鳴る) : 울리다

ちょっとの 다양한 쓰임새

▶ 【조금, 잠깐】 그녀는 항상 조금밖에 먹지 않아요. (すこし)
彼女はいつもちょっとしか食べません。

▶ 【꽤】 그녀는 저금한 돈이 좀 된다. (かなり)
彼女にはちょっとした貯金がある。

▶ 【부를 때】 저기, 지갑이 떨어졌어.
ちょっと、さいふが落ちたよ。

065 | 여보세요

202 여보세요, 다나카 씨 댁인가요?

もしもし、田中さんのお宅ですか。

- 일본에서는 결혼하면 남편의 성을 따르기 때문에 사실 다나카 씨 집에 전화를 건다면 받는 사람이 모두 다나카가 되는 셈이다. 이 때는 이름까지 대거나 직함 등을 넣어 부르는 것이 좋다.

---

203 예, 그런데요.

はい、そうですが。

---

204 저, 저는 김민수라고 합니다만, 다나카 씨 계십니까?

あのう、わたくし金と申しますが、田中さんいらっしゃいますか。

---

205 아뇨, 외출하고 없는데요.

いえ、ちょっとでかけているんですが。

- 친구 집에 전화를 걸었을 때 이름이 유키라고 해서 「ゆきいますか。」(유키 있어요?)라고 하면 실례. 「ゆきさん、いらっしゃいますか。」하고 「さん」을 붙이고 존경어를 써야 한다. 반대로 전화받는 쪽에서는 겸양표현을 써야 한다.

066 | 또 전화하겠습니다.

206 몇 시쯤 들어옵니까?

何時ごろお帰りですか。

○ '집에 들어오다, 들어가다'는 「帰(かえ)る」 한 마디로 충분하다. 「帰(かえ)る」라는 말 자체가 원래 있던 곳으로 돌아간다는 뜻이므로 굳이 '집으로' 라는 말을 넣지 않아도 되는 것이다. 우리말로 '들어옵니까?' 라고 해서 「入(はい)りますか。」로 잘못 쓰지 않도록 주의하자.
· 何時(なんじ)ごろ : 몇 시쯤
· お帰(かえ)りですか : 귀가하십니까?

---

207 글쎄요. 8시쯤 될 거예요.

そうですね。8時ごろになると思いますが。

· ~になる : ~이 되다(조사에 주의)

---

208 그럼, 또 전화하겠습니다.

じゃ、またお電話します。

067 전화 왔었다고 전해 주세요.

209 여보세요, 김이라고 합니다만, 다나카 씨 계세요?

もしもし、金と申しますが、田中さん、いらっしゃいますか。

---

210 죄송합니다. 다나카는 지금 외출중인데요.

すみません。田中はいま外出中ですが。

- 「外出中(がいしゅつちゅう:외출중)」 대신 「でかけています。」(밖에 나갔습니다.)라고도 한다.
- 外出中(がいしゅつちゅう) : 외출중

---

211 그러세요? 그럼, 김민수한테서 전화 왔었다고 전해 주십시오.

そうですか。じゃ、キムミンスから電話があったとお伝えください。

- '전화 왔었다'라고 할 때 「電話がきた。」(전화 왔다.)가 아니라 「電話があった。」라고 한다는 점에 유의하자.
- お伝(つた)えください : 전해 주세요 伝(つた)える : 전하다

068 | 안녕히 계세요.(전화에서)

212 그럼, 이쪽에서 다시 걸게요.

じゃ、こちらからまたおかけしますので…。

- こちらから : 이쪽에서(제가)
- おかけします : 걸겠습니다 「お+ます+する형」의 형태로 정중한 표현을 만든다.

---

213 예, 알겠습니다.

はい、わかりました。

---

214 그럼, 안녕히 계세요.

じゃ、失礼(しつれい)します。

○ 전화를 끊을 때 "안녕히 계세요." 혹은 "들어가세요."라고 말하는데 일본어로 가장 무난하게 쓸 수 있는 말이 「失礼(しつれい)します。」이다. 이 말은 남의 집이나 사무실을 방문하고 돌아갈 때 '이제 가겠습니다'의 뜻으로도 쓰는 말이다. 친구나 가족끼리라면 「じゃね。」. 우리말의 "그럼 끊어."에 해당하는 표현.

069 자동응답기

215 지금은 외출중이오니,

ただいま留守にしております。

○ 일본에 전화를 걸었을 때 흔히 들을 수 있는 자동음성 메시지이다. 「留守(るす)にしている」는 '집을 비우다, 외출중, 부재중'이라는 뜻인데. 「留守にしておる」로 겸양표현을 쓰고 있다. 약간 딱딱하지만 정중한 표현이므로 필요하면 이렇게 녹음해도 된다.
- ただいま : 지금
- 留守(るす)にする : 집을 비우다

---

216 전화를 거신 분은 삐하는 소리가 나면 성함과 용건을 말씀해 주세요.

電話のかたはピーという音のあとにお名前とご用件をお話しください。

○ 「音(おと)」는 일반적인 '소리'를 말하고, 사람의 목소리는 「声(こえ)」라고 한다.

---

217 팩스를 보내시는 분은 그대로 보내시면 됩니다.

ファクシミリのかたはそのまま送信してください。

- 用件(ようけん) : 용건
- そのまま : 그대로
- 送信(そうしん)する : 송신하다

070 | 전화하셨다면서요?

218 여보세요? 김민수 씨? 다나카예요.

もしもし、金さん？ 田中です。

---

219 아까 전화하셨다면서요?

さっきお電話(でんわ)いただいたそうで…。

- 「お電話(でんわ)いただいたそうで…。」는 직역하면 '전화 받았다고 해서'이지만 「お電話(でんわ)くださったそうで…。」보다 정중한 표현이다. 거꾸로 "아까 전화 드렸던 ～인데요" 할 때는 「さきほどお電話(でんわ)した～ともうします」라고 한다.

---

220 네. 다음 토요일에 파티가 있는데, 와 줄 수 있어요?

ええ。つぎの土曜日(どようび)にパーティーがあるんですけど、来(き)てくださいますか。

> ☆ 전화상에서 특히 정중하게 말할 때 쓰는 말
> - さっき (아까) → さきほど (조금 전에)
> - ちょっと (잠깐) → 少々(しょうしょう) (잠시)
> - また あとで (나중에) → のちほど (잠시 후에)
> - あした (내일) → 明日(みょうにち) (내일) *비즈니스에서

071 전화바꿨습니다.

221 여보세요, 전 김민수라고 합니다만, 다나카 씨 부탁드릴 수 있을까요?

もしもし、わたくし金と申しますが、田中さん、お願いできますか。

- 「わたくし」는 「わたし」보다 정중하고 격식을 갖춘 표현. 누군가를 바꿔 달라고 할 때는 「～さん おねがいします」 하거나 「～さん おねがいできますか」 둘 다 가능하다.
- お願(ねが)いできますか: 부탁드릴 수 있습니까?

---

222 예, 잠시만 기다려 주세요.

はい、少々お待ちください。

---

223 전화 바꿨습니다. 다나카입니다.

お電話かわりました。 田中です。

- "전화 바꿨습니다."는 「お電話かわりました。」이고, "바꿔 드릴까요?"는 「かわりましょうか。」.

• • •

3. 세번째 장

내 마음을 전하는 감정표현

072 동의할 때 ①

224 OK.

オーケー。

- 친구나 손아랫사람에게 쓰는 말. 상대방의 권유나 제안에 흔쾌히 승낙하는 표현이다.

---

225 맞아요.

そのとおりです。

- 비슷한 표현으로는 「そのとおり。」「おっしゃるとおり。」가 있다. "맞는 말씀입니다. / 말씀하신 대로입니다." 하고 정중하게 맞장구칠 때는 「おっしゃるとおりです。」라고 한다. 친구끼리 '맞아 맞아.' 할 때는 「そうそうそう。」하고 여러번 반복해서 말하기도 한다.

---

226 저도 그렇게 생각합니다.

私(わたし)もそう思(おも)います。

- 일반적인 표현. 격의 없이 말할 때 '맞아, 그렇다니까' 하고 동조할 때는 「まったくそのとおり」라고 한다.

---

227 물론이에요.

もちろんです。

073 | 동의할 때 ②

228 나도 찬성이에요.

わたしも賛成(さんせい)です。

○ 반대는「反対(はんたい)」. "나도 찬성이야."는「です」를 떼고「わたしも賛成(さんせい)。」라고 한다. '대찬성'은「大賛成(だいさんせい)」.

---

229 괜찮지 않아요? / 뭐 어때요?

いいんじゃないですか。

○ 상대방이 권유나 어떤 제안을 해 올 때, "괜찮겠네요." 하고 가볍게 동의할 때 쓰는 표현이다. "좋네요, 그렇게 해요." 하고 뒷말을 덧붙인다면「いいですね。そうしましょう。」하면 되고, 친구사이라면「いいね。そうしよう。」.

---

230 나도.

わたしも。

○ 간단하면서도 편리하게 쓸 수 있는 표현.(격의없는 말투). 간단히 "그거 좋네요." 할 때는「それはいいですね。」라고 한다.
・も : ~도(조사)

074 | 부정할 때

231 글쎄요.

そうですね…。

○ 긍정일 때는 끝을 올리고 짧게 발음하고, 부정적인 느낌을 줄 때는 끝을 길게 빼듯이 발음한다. 상대방의 말에 부정하는 마음으로 '설마'라고 할 때는 「まさか」「うそ」와 같은 말도 쓴다.

---

232 아뇨, 다릅니다.

いいえ、ちがいます。

○ 상대방의 말이 틀렸을 경우, 잘못되었다고 말할 때 쓴다. 강하게 말할 때는 「まったくちがいます」(전혀 다릅니다.) 「ちがうよ、そんな…」(아니야, 무슨 그런...)등과 같이 말하기도 한다.

---

233 안됩니다.

だめです。

○ 금지표현으로 쓸 수 있는 말이다. 친구사이라면 「ため!」(안돼)까지만 해도 된다. 엄마가 아이에게 '하지마!' 라고 할 때도 「だめ!」라고 한다.

---

234 그건 좀….

それはちょっと…。

○ 상대방의 부탁을 들어줄 수 없을 때 편리하게 쓸 수 있는 표현.

075 | 사과할 때 ①

235 죄송해요. / 미안해요.

すみません。

- 일반적으로 가장 많이 쓰이는 말로, 남의 발을 밟았거나 몸이 부딪혔을 때, 가볍게 사과할 때 쓰는 말이다. 사람을 부를 때도 이 말을 쓰는데 이 때는 "여보세요, 여기요."란 뜻이다. 또 고맙다고 할 때도 쓸 수 있으므로 그때 그때 사용법을 잘 알아두어야 한다.

---

236 미안해요.

ごめんなさい。

- "미안해요."의 뜻으로 편한 상대에게 쓰는 표현이므로, 윗사람에게는 좀더 정중한 표현인 「申(もう)しわけありません。」을 쓰는 것이 좋다. 친구 사이라면 「ごめん。」(미안) 까지만 해도 무방하다.

---

237 죄송합니다.

申しわけありません。

- 과거형은 「申(もう)しわけありませんでした。」(죄송했습니다.).

076 | 사과할 때 ②

238 미안. 내가 나빴어. / 잘못했어.

ごめん。わたしが悪(わる)かった。

○ 친구나 연인에게 사과할 때 자주 쓰는 말. 정중하게 말하려면 끝에 「です」를 붙여 「わたしが悪(わる)かったんです。」라고 말하면 된다.

---

239 부디(제발) 용서해 주세요.

どうかお許(ゆる)しください。

○ 정말 정중하게 사과할 때 쓰는 말이다. 이 말을 듣고도 정말 용서할 수 없다면 「許(ゆる)せない!」(용서할 수 없어!)라고 말하면 되겠다. 「お+ます형+ください」는 '~해 주세요'란 뜻의 정중한 표현.

· どうか : 부디

---

240 정말 죄송하게 생각하고 있습니다.

本当(ほんとう)に申(もう)しわけないと思(おも)っています。

○ 진정으로 미안한 마음을 표현하는 말. 「申(もう)しわけない」대신 「すまない」(미안하다)를 넣어도 된다.

> ▶ 늦게 와서 미안.　　　　　遅(おそ)くなってごめん。
>
> ▶ 미안, 지금 좀 바빠.　　　ごめん、今(いま)忙(そが)しいんだ。
>
> ▶ 무례했다면 미안해요.　　ぶしつけだったらごめんなさい。

077 | 부탁할 때

241 커피 부탁해요.

コーヒーをお願(ねが)いします。

○ 「おねがいします。」는 "부탁합니다 / 부탁해요"란 뜻이지만, "주세요"라고 말할 때도 쓴다. 비행기 안에서 승무원이 "음료수는 뭘로 하시겠어요."라고 물었을 때나, 손님으로 찾아간 곳에서 음료수를 대접하려고 할 때 편리하게 쓸 수 있는 표현이다.

---

242 도와 주시겠어요?

手伝(てつだ)っていただけませんか。

○ 남에게 도움을 요청할 때 쓰는 정중한 표현이다. '살려 주세요!' 는 「たすけてください!」 또는 「たすけて!」.

---

243 부탁해.

お願(ねが)い 。

○ 「たのむ(よ)」라고도 한다. 「お願(ねが)いだから。」도 자주 쓰는데, "부탁이야 응? 제발…"하는 마음이 담긴 표현이다. 「行(い)かないでね。 お願(ねが)いだから。」(가지 마. 응? 부탁이야.)

078 | 물어볼 때

244 뭡니까? / 뭐예요?

なんですか。

- 뭐냐고 물어보는 표현이다. 어조에 따라서는 약간 따지는 느낌이 들 수도 있다. 장소를 물을 때는 「どこですか。」(어디예요?), 더 정중하게는 「どちらですか。」.

---

245 이거 뭐야?

これ、な～に?

- 「な～に?」라고 길게 발음하면 「이거 뭐야?」란 뜻인데, 어린아이나 학생들이 이처럼 말을 길게 발음하는 경향이 있다.

---

246 저 사람은 누구예요?

あの人(ひと)はだれですか。

- 정중하게 말할 때는 「人」(ひと) 대신 「方」(かた)를 써서 「あのかたはどなたですか。」(저 분은 누구십니까?)라고 한다.
  · このかた: 이분 · そのかた: 그분 · あのかた: 저분 · どのかた: 어느분

079 | 되물어볼 때

247 네? / 뭐?

えっ?

- 상대방의 말을 듣고 잘 못알아들었을 때나 놀라운 얘기를 들었을 때 "뭐? 뭐라고?"와 같은 뜻으로 쓰인다.

---

248 예?

はい?

- 「はい↘」하고 끝을 내리면 「예.」란 뜻이지만 「はい↗」하고 끝을 올리면 되묻는 표현이 된다.

---

249 죄송하지만, 다시 한번 말씀해 주세요.

すみませんが、もう一度(いちど)おっしゃってください。

- 정중하게 되물을 때 쓸 수 있는 일반적인 표현이다. 「おっしゃってください。」(말씀해 주세요.) 대신 「おねがいします。」(부탁합니다.)라고 해도 좋다.
- もう一度(いちど) : 다시 한번, 한번 더 (「一度もう」라고는 하지 않는다. 순서가 우리말과 반대다.

080 | 권유할 때

250 노래방에 갑시다.

カラオケボックスに行きましょう。

- 「~ましょう」는 '~합시다, 해요'하고 권할 때 쓰는 표현이고, 친구끼리는 「行(い)こうよ。」(가자)라고 한다.
- **カラオケボックス**: 노래방
- **カラオケ**: 가라오케

---

251 같이 골프 어떠세요?

ゴルフ、ごいっしょにいかがですか。

- 「~ましょう」보다 정중한 표현으로, 정중하게 상대방에게 권유할 때 쓰는 표현. 「~ごいっしょに いかがですか。」(같이 어떠십니까?)를 외워두면 앞에 다른 명사를 넣어 바꾸어 말하면 된다.

- **(ご)いっしょに**: 같이, 함께
- **いかがですか**: 어떠십니까?

---

252 오늘 밤 술이라도 한잔 어때요?

今夜お酒でもいっぱいどうですか。

- 차 한잔 마시자고 할 때는 「おちゃ(コーヒー)でもどうですか。」, '차 마실래?' 하고 가볍게 물을 때는 「お茶(ちゃ)する?」

081 | 재촉할 때

253 빨리 빨리!

はやく、はやく!

○ 「早(はや)い」(빠르다)의 부사형.

---

254 급하세요?

お急(いそ)ぎですか。

・急(いそ)ぐ：서두르다
・急(いそ)いで 来(き)た：서둘러 왔다

---

255 저—, 지금 좀 급하거든요.

あのー、今(いま)急(いそ)いでいるんですが…。

○ 음식점에서 주문을 하고, 바쁘니까 빨리 달라는 뜻으로 「急(いそ)いでいるんですが…」라고 말할 수도 있다. 음식점뿐만 아니라, "좀 급한데 빨리 좀 해주세요."라고 말하고 싶을 때 편리하게 쓸 수 있는 표현이다. 그러나 일본인은 우리나라 사람들 만큼 이런 표현을 자주 쓰지 않는 편이다.

082 | 시간 있냐고 물어볼 때

256 토요일에 무슨 계획 있어요?

土曜日になにか予定ありますか。

- 토요일에 뭐 할거냐고 묻는 표현이다.「土曜日(どようび)になにをする つもりですか。」라고도 할 수 있다.

---

257 오늘 저녁 바쁘세요?

今晩お忙しいですか。

- 「忙(いそが)しい」는 '바쁘다'란 뜻인데 앞에 「お」를 붙여 「お忙(いそが)しいですか。」하고 정중하게 묻는 표현이다.

---

258 내일 오후 시간 있어?

あしたの午後あいてる?

- 친구끼리 쓸 수 있는 말.「あいてる?」는 '비어 있어?' 즉 시간 있냐는 뜻이다.「あいてますか。」로 하면 정중한 표현.
- 空(あ)く : 비다
- 部屋(へや)が空(あ)いている : 방이 비어 있다
- 時間(じかん)が空(あ)く : 시간이 비다

083 | 칭찬할 때

259 잘 했어!

よくやった。(남자말)

○ 친구나 손아랫사람에게 쓰는 반말표현. 비슷한 말인「その調子(ちょうし)」는 "그래, 그거야. 그렇지. 그렇게"의 뜻으로 지금 잘 하고 있으니 계속해서 분발하라는 뜻이다.

---

260 굉장하다~.

すごーい。

○ 혼자말처럼 하는 칭찬. 뒤에「ですね」를 붙이면 '굉장하네요. 대단하네요.'의 뜻이다. 이 밖에도 놀라움이나 감탄을 나타내기도 한다. 회화에서는 자주 쓰는 말.

---

261 멋져~.

すてきー。(여자말)

○ 자신이 좋아하는 스타를 눈 앞에서 봤다면 이렇게 소리칠지도…. 멋있고 근사하다는 뜻이다.

084 | 판단할 수 없을 때

262 으음... 잠깐만요.

うーん。ちょっと待ってください。

○ 잠깐 생각할 시간을 좀 달라는 표현이다.

---

263 어떻게 해야 할지 모르겠어요.

どうすればいいのかわかりません。

○ 반말로 "어떻게 해야 하지?" 하고 묻는다면 「どうすればいいの?」하고 끝을 약간 올려서 발음한다.

---

264 잠깐 생각하게 해 주세요.

ちょっと考えさせてください。

○ 사역표현으로 "생각 좀 해볼게요."라는 뜻이다.

---

265 지금으로선 어느쪽이 옳은지 판단할 수 없군요.

今のところどっちが正しいのか判断できませんね。

- 今(いま)のところ : 지금으로서는
- 正(ただ)しい : 바르다
- 判断(はんだん) : 판단

085 | 축하할 때

266 정말 잘 됐다.

ほんとうによかったね。

- 상대방에게 좋은 일이 생겼을 때 "정말 잘 됐구나." 하고 축하하는 말이다. 윗사람에게는 「ほんとうによかったですね。」(정말 잘 되셨네요.)라고 하면 되겠다.

---

267 축하합니다. / 축하 드려요.

おめでとうございます。

- 생일이나, 승진, 입학, 졸업 등 어느 때나 쓸 수 있는 표현이다. 친구나 손아랫사람에게는 「おめでとう。」(축하해).

---

268 신랑 신부를 위해 건배.

新郎新婦のためにかんぱい。
しんろうしんぷ

- 결혼식 피로연에서 축배를 들 때 쓰는 말. 나가부치 츠요시의 '간빠이'라는 노래는 결혼식 때 축가로 자주 부르기도 한다. 건배를 제창할 때는 「~のために」부분을 빼고 「~に乾杯(かんぱい)」라고 짧고 간단하게 하는 것이 자연스럽다.
- 新郎(しんろう) : 신랑
- 新婦(しんぷ) : 신부

086 | 용기를 북돋워줄 때

269 열심히 하세요.

がんばってください。

- 윗사람에게는 적당하지 않은 표현. 짧게「がんばって。」(힘 내. 열심히 해)라고도 한다. 축구나 야구, 농구 등 경기장에서 응원할 때는「がんばれ!」(힘내라! 이겨라!)라고 한다.

---

270 그렇게 낙담하지 마.

そんなにがっかりしないで。

- 시험이나 시합에 떨어져 풀이 죽어 있는 사람에게 "너무 실망하지 마." 란 뜻으로 쓰는 말이다. 좀더 격려를 해 준다면「つぎにまたがんばればいいじゃないの。」(다음에 또 잘 하면 되잖아.) 하고 덧붙이면 된다.

---

271 힘 내세요.

元気を出してください。

- 元気(げんき)を出(だ)す : 힘을 내다
- 元気(げんき)がない : 힘이 없다 (기력이 없다, 기운이 없다.)

087 화제를 바꿀 때

272 그런데….

ところで…。

- 화제를 바꾸고 싶을 때 가장 무난하게 쓸 수 있는 말로 인사말이 끝나고 본론으로 들어갈 때 쓰기도 한다. 일단 이렇게 말을 꺼내면 상대방도 '아, 이제 화제가 바뀌는구나' 하고 마음의 준비를 할 수 있다.

---

273 그건 그렇고.

それはさておき。

- 비교적 격식을 갖춘 표현. 회화에서라면 「ええと」라는 말을 자주 쓴다. 「ええと、そうですね。」 하면 "음, 글쎄요." 하고 머뭇거리며 시간을 벌 때도 쓸 수도 있다.

---

274 이제 그만해.

もうやめなさいよ。(여자말)

- 더이상 듣기 싫다는 뜻으로 아주 격의없는 사이에서 쓰는 말이다. 「もういい。」(이제 됐어.) 「もうやめれば。」(이제 그만하지 그래?) 등도 같은 뜻.

088 | 협력을 구할 때

275 같이 하자.

いっしょにやろう。(남자말)

- 「やる」는 '하다'라는 뜻의 동사로 무슨 일을 같이 하자는 뜻으로 친구나 손아랫사람에게 할 수 있는 말이다. 여자말은 「いっしょにしよう。」, "같이 해요."는 「いっしょにやりましょう。」

- やりにくい : 하기 어렵다
- やられた : 당했다

---

276 잠깐 좀 도와 주세요.

ちょっと手を借してください。

- 직역하면 "손을 빌려 주세요."지만 도와달라는 얘기다. 무거운 짐을 옮길 때 등 일상적인 일에 쓸 수 있는 표현. 대답은 「はい。」나 「OK。」로 하면 된다.

---

277 협력을 부탁드릴 수 있을까요?

ご協力をお願いできますか。

- 아주 정중한 의뢰표현. yes라면 「いいですよ。」(좋아요.)라고 대답하면 된다.

089 | 승낙할 때

278 그렇게 합시다.

そうしましょう。

- 우리말의 "그럽시다." "그러시죠."에 해당하는 표현. 「そうしましょうか。」(그럴까요?)라고 해도 같은 뜻.

---

279 좋아요. 합시다.

いいですよ。やりましょう。

- 반말은 「いいよ。やろう。」(좋아. 하자구.) 어떤 부탁을 했을 때 상대방이 이렇게 흔쾌히 승낙해 준다면 「ほんとう？ うれしい。」(정말? 아이 좋아라.)하고 기쁜 감정을 표현해 보자.

---

280 나한테 (모두) 맡기세요.

わたしに(すべて)任(まか)せてください。

- 어떤 힘든 일이 있어도 이렇게 말해주는 사람이 곁에 있다면 그 사람은 행복한 사람(しあわせな ひと)임에 틀림없을 것이다. 남자라면 「わたし」를 「ぼく」로 바꾸어 말하면 된다.
- すべて：모두
- 任(まか)せる：맡기다

090 | 기다리게 할 때

281 잠깐만요.

ちょっと待ってください。

○ 친구사이라면「ちょっと待(ま)って。」(잠깐만.)까지만 하면 된다.

---

282 잠깐 기다려 주시겠어요?

ちょっと待ってくださいますか。

○ 하던 일이 있어 잠깐 기다려 달라고 할 때나 생각할 시간이 필요할 때 쓰는 말. 친구사이라면「ちょっと待(ま)ってくれる?」(잠깐 기다려 줄래?) 또는 그냥「ちょっと待(ま)って。」라고 한다.

---

283 잠시만 기다려 주세요.

少々お待ちください。

○ 전화상이나 일상회화에서 쓸 수 있는 정중한 표현. 위에서 아래로 내려 올수록 정중한 표현이다.「少々(しょうしょう)」는「잠시」란 뜻의 정중한 표현이므로 반말과 섞어 쓰면 어울리지 않는다. 정중한 말은 정중한 말끼리 반말은 반말끼리 쓰는 것이 좋다.

091 | 오해가 생겼을 때

284 그게 아니야.

そうじゃないよ。(남자말)

- 상대방이 오해를 하여 토라져 있을 때 "그게 아냐", "그런 게 아냐"하고 변명할 때 쓰는 말이다. 여자말은 「そうじゃない。」. 윗사람에게는 「そうじゃないんですよ。」라고 한다.

---

285 그래요? (제가) 오해했어요.

そうですか。誤解してました。

- '오해하다'는 「誤解(ごかい)する」라고 한다. 이 말 뒤에 「あの 二人(ふたり) 別(わか)れたと 思(おも)ってたんで。」(두 사람 헤어진 줄 알았어요.)와 같이 「～と思(おも)ってたんで」라는 표현과 같이 쓰는 것이 보통이다. ～てた = ～ていた

---

286 오해가 있었던 것 같아요.

誤解があったようですね。

- 앞에 「おたがいに」(서로)를 넣어 말해도 훌륭한 문장이 될 수 있다.

092 | 기뻐할 때

287 아이 좋아라.

うれしいな!

- 「うれしい」는 '기쁘다'란 뜻의 형용사이다. 선물을 받을 때나 나의 부탁을 상대방이 기꺼이 들어 주었을 때 혼자말로 할 수 있는 표현. 「うれしい?」하고 끝을 올려 발음하면 "기쁘니?"하고 묻는 말이 되어 버린다.

---

288 잘 돼서 좋겠다~./ 일이 잘 풀려서 잘 됐다~.

うまくいってよかったね。

- 상대방이 이렇게 기뻐해준다면 「うん、よかった。」(응, 정말 잘 됐어.) 하고 대답하면 된다.

---

289 기쁘게 해 주고 싶어.

よろこばせてあげたい。

- (네가) "기뻐해 줬으면 좋겠어."는 「よろこんでほしい。」라고 한다.
- 喜(よろこ)ぶ : 기뻐하다
- 喜(よろこ)んで : 기꺼이
- 喜(よろこ)ばせる : 기쁘게 하다

093 | 놀랐을 때

290 설마. 거짓말이지?

まさか。うそだろう。(남자말)

○ 여자말은「まさか。うそでしょう。」. '놀리지마' 라는 뉘앙스가 들어 있는 표현이다. "미안, 농담이야"하려면「ごめん、じょうだん。」, '농담아냐, 장난아니라구.' 하고 강조할 때는「じょうだんじゃないよ。」라고 한다.

---

291 어? 정말? 믿을 수가 없어.

へえー、ほんとう？ 信(しん)じられない。

○ 정말이라면「ほんとうだよ。-남자말 / ほんとうよ。-여자말」라고 대답하면 된다. "정말이에요?" "진짜예요?"라고 할 때는「ほんとうですか。」라고 한다. 「まさかね。」(설마) 「信(しん)じられない。」(믿을 수 없어) 하고 혼잣말로 할 수도 있다.

---

292 진짜?

まじ？

○ 젊은이들 사이에 자주 쓰는 말.
대답은 끝을 내려서「まじ↘」라고 한다.

094 | 불평불만을 말할 때

집에서나 바깥에서나 식사할 때는

293 이젠 못참겠어.

もうがまんできない。

○ 「がまんする」는 '참다'는 뜻이다. 「もうがまんの限界(げんかい)だ」도 같은 뜻. 또 불평과는 상관없이 '(누군가를)보고 싶어서 참을 수가 없어."라고 말한다면 「会(あ)いたくてがまんできない。/ たまらない」라고 한다.

---

294 이렇게 형편없는 영화, 처음 봤어!(남자말)

こんなひどい映画(えいが)、はじめて見(み)たよ。

○ 「ひどい」는 원래 '심하다'란 뜻인데, 「ひどい 映画(えいが)」는 '심한 영화' 즉 재미없는 영화를 가리킨다. 문장이 「~だ(た)よ」로 끝나는 것은 남자말투이고, 여자말투로는 「はじめて みた(わ)。」(처음 봤어.)라고 한다.

---

295 불평하지마.

文句(もんく)言(い)うな。(남자말)

○ 여자말은 「文句(もんく)言(い)わないで。」. 「文句(もんく)を言(い)う」는 '불평하다, 불만을 말하다'. 「~な」는 '~하지 마'란 뜻으로 동사기본형에 접속한다.

095 : 피곤할 때

296 아주 피곤하군. (아이구 피곤해라!)
すごく疲れた。

- 「疲(つか)れる」는 '피곤하다'란 뜻인데, 혼잣말로 '피곤해~.' 할 때는 「疲(つか)れた。」와 같이 과거형으로 표현하는 것에 주의! 「すごく」는 '몹시'라는 뜻. 윗사람이 피곤해 보인다면 정중하게 「お疲(つか)れのようですね。」(피곤해 보이시네요.)라고 한다. '완전히 녹초가 되다'란 뜻으로 「くたくた」도 많이 쓴다.

---

297 수고하셨습니다.
お疲れさまでした。

- 회사 등에서 흔히 쓰는 표현이다. 수업이 끝나고 선생님께 인사할 때는 「ありがとうございました。」(감사합니다.)라고 하는 것이 좋다.

---

298 수고했어요.
ご苦労さま。

- "수고 많아요." "수고해요." 등 윗사람이 아랫사람에게 애쓴다고 할 때 쓰는 말이다.

096 후회할 때

299 미안해요. 내가 잘못했어요.

ごめんなさい。わたしがまちがっていました。

○ 윗사람에게라면 「もうしわけありません。」(죄송합니다.), 헤어진 연인이나 친구라면 「ごめん。わたしが まちがってた。」라고 하면 된다.

---

300 그 사람과 사귀는 게 아니었는데….

彼女(彼)と付き合うんじゃなかった…。

○ 「付(つ)き合(あ)う」는 '사귀다, 교제하다'의 뜻이다. 「彼女(かのじょ)」는 '그녀, 그여자, 그여자애' 등의 뜻이고, 반대말은 「彼(かれ)」. 흔히 '남자 친구'란 뜻으로 「彼氏(かれし)」라고도 한다.

---

301 나도 후회하고 있어요.

わたしも後悔しています。

○ 後悔(こうかい)先(さき)に立(た)たず(이제와서 후회해봤자 소용없는 일) = こぼれた牛乳(ぎゅうにゅう)について泣(な)いても始(はじ)まらない(이미 엎질러진 물)

---

302 울고 싶은 심정이에요.

泣きたい気持ちです。

097 재미있을 때

303 재밌다. / 재밌어.

おもしろい。

○ 재미있다는 감정표현을 할 때 쓸 수 있는 간단한 말. 끝에 감탄을 나타내는 말 「なー」를 넣어 「おもしろいなー」라고도 할 수 있다.
・おもしろい:재미있다
・つまらない:재미없다, 따분하다

---

304 그렇게 재미있어?

そんなにおもしろいの?

○ 말투에 따라 아무렇지도 않게 들릴 수도 있고, 약간 따지는 것 처럼 들릴 수도 있다.

---

305 이 만화 정말 재밌어요.

この漫画ほんとうにおもしろいですよ。

○ 젊은 사람들 사이에서는 앞에 「超(ちょう)」를 넣어 「超(ちょう)おもしろい!」라고도 한다. 「超」란 우리말의 '왕'과 비슷한 말로 강조하고 싶을 때 쓴다.

098 감동했을 때

306 감동적인 장면이었어요.

感動的なシーンでした。

- 김대중 대통령과 김정일 위원장의 만나는 모습, 정말 「感動的(かんどうてき)でした。」(감동적이었습니다.) 「感動(かんどう)しました。」(감동했습니다.)

---

307 감동적인 메시지를 보내 주셔서 감사합니다.

感動的なメッセージをありがとうございました。

- "감동적인 말씀을 해 주셔서 감사했습니다." 정도의 뜻으로 약간 공적인 느낌의 표현이다. 길게 말하지 않고 「~を ありがとうございました。」라고 표현하는 것을 눈여겨 보자.

---

308 눈물이 나올 정도로.

涙が出るほど。

- 뒤에 「感動的(かんどうてき)でした。」(감동적이었습니다.), 「うれしかったです。」(기뻤습니다.) 등을 덧붙여 말하면 된다. 「目(め)をうるませる」(눈물을 글썽이다)도 알아두자.
- 涙(なみだ): 눈물

099 | 무서워할 때

309 무서워요.

怖いんです。

- "괜찮아요. 무서워하지 마세요"하려면 「だいじょうぶですよ。こわがらないでください。」라고 하면 되겠다.

---

310 무서운 경험이었어요.

おそろしい経験でした。

- 「おそろしい」는 「こわい」보다 공포스러운 느낌이 드는 말.

---

311 그는 대단한 겁장이에요.

彼は大変なこわがりです。

- こわがり(や) : 겁장이

---

312 무서워서 떨고 있었다.

こわくてふるえていた。

- ふるえる : 떨다

100 | 걱정스러울 때

313 걱정이에요.

心配_{しんぱい}です。

- 「テストのことで、しんぱいです。」는 "시험 때문에 걱정이에요."라는 뜻이다. 「…のことで、しんぱいです。」문형으로 기억하고 앞에, 「結婚(けっこん)」(결혼), 「こいびと」(애인) 등 단어를 넣어 말하면 된다.

---

314 당신 건강이 걱정이에요.

あなたの健康_{けんこう}が気_きがかりです。

- 「気(き)がかり」는 「気(き)に かかる」에서 나온 말로 '마음에 걸리다' 즉 '걱정된다'는 뜻이다. 「気(き)に なりますよ。」(걱정 돼요)라고도 한다.

---

315 걱정거리가 있으신 것 같군요.

心配_{しんぱい}ごとがおありのようですね。

- 「しんぱいごと」는 '걱정거리'란 뜻으로 「しんぱいごとでもありますか。」하면 "걱정거리라도 있습니까?"란 뜻이다. 「おありのようですね。」는 「あるようですね。」(있는 것 같군요)의 정중한 표현이다.

101 | 부러워할 때

316 정말 부럽네요.

ほんとうにうらやましいですね。

- 「うらやましい」는 '부럽다'는 뜻의 형용사이다. 혼자말로 할 때는 끝에 「な」를 붙여 「うらやましいな」(부럽다~) 「いいな」(좋겠다)와 같이 말한다.
- うらやましい : 부럽다

---

317 좋겠다./ 부럽다.

よかったね。うらやましい。

- 상대방에게 좋은 일이 생겼을 때 흔히 나올 수 있는 말.

---

318 네 애인은 정말 예뻐서(잘생겨서) 부럽다./ 좋겠다.

きみ(あなた)の恋人(こいびと)はほんとうにきれい(ハンサム)でうらやましいよ。(괄호 안의 말은 여자말)

- 「きみ」는 '너/자네'라는 뜻인데, 노래가사 등에서 나올 때는 '그대'라는 뜻으로도 쓰인다. 그리고 「恋人(こいびと)」는 '애인'이라는 뜻이지만 일본어로 「愛人(あいじん)」이라고 하면 불륜을 가리키므로 주의!

102 좋아할 때

319 초밥을 아주 좋아해요.

おすしが大好(だいす)きです。

- '좋아합니다'는 「すきです。」, 여기에 「大(だい)」를 붙여 「だいすきです。」하면 '아주 좋아합니다.' 란 뜻이다. 반대말은 「だいきらいです。」(아주 싫어합니다.).

---

320 당신을 사랑합니다.

あなたのことを愛(あい)しています。

- 「きみのことがすきなんだ」(네가 좋아.-남자말)도 많이 쓴다. 「あなたを」가 아니라 「あなたのこと」라고 표현하는 것에 유의.

---

321 와인 좋아하세요?

ワインはお好(す)きですか。

- 「好(す)きですか」에 「お」를 붙여 말하면 보다 정중한 표현이 된다. 반말로 "좋아해?" 하려면 「すき?/ すきなの?」. '마음에 들다' 라는 뜻의 「気(き)に入(い)る」, 「お気(き)に召(め)す」와 같은 표현도 많이 쓴다.

> ▶ 그 사람 어디가 마음에 들었어?　　彼のどこが気(き)に入(い)ったの?
> ▶ 마음에 드십니까?　　お気(き)にめしますか?

103 | 부끄러울 때

322 그녀는 부끄럼을 잘 타요.

彼女(かのじょ)ははずかしがりやです。

- 「はずかしがりや」는 부끄럼을 잘 타는 사람, 숫기없는 사람을 일컫는 말이다. 「はずかしがる」는 '부끄러워하다'란 뜻으로 부정형 「はずかしがらないで」(부끄러워하지 말고) 형태로도 많이 쓰인다.

---

323 정말 부끄러웠어.

とってもはずかしかった。

- 「とっても」는 「とても」의 강조표현. 「恥(はずか)しい」는 '부끄럽다'는 뜻으로 우리말과 쓰임새가 거의 같다.

---

324 쥐구멍이라도 있으면 들어가고 싶은 심정이었어요.

あながあったら入(はい)りたい気持(きも)ちでした。

- あな:구멍
- 入(はい)る:들어가다, 들어오다
- 気持(きも)ち:기분, 마음, 심정

104 | 격려할 때

325 잘 해!

がんばってね。

○ 다양한 장면에서 쓸 수 있는 편리한 말. "힘 내!"라는 뜻으로 元気(げんき)を出(だ)して!」라고도 한다.

---

326 열심히 해야지.

一生懸命がんばらなくちゃね。
_{いっしょうけんめい}

○ 「いっしょうけんめい」와 「がんばる」는 둘 다 열심히 한다는 뜻이지만 이렇게 같이 쓰는 경우가 많다. 죽을 힘을 다해 열심히 하라는 뜻이다. 자신이 "열심히 하겠습니다."라고 할 때는 「一生懸命がんばります。」라고 한다.

---

327 열심히 하겠습니다.

がんばります。

○ 축구선수나 야구선수 등 인터뷰를 할 때 끝에 흔히 이런 말을 하는 것을 볼 수 있다. 참고로 「がんばりたいと思(おも)います。」라고도 하는데, 직역하면 "열심히 하고 싶다고 생각합니다." 이 말 역시 열심히 하겠다는 뜻이다.

105 | 안심할 때

328 아ー, 이제 안심이다.

あー。ほっとした。

- 「ほっとする」는 '(긴장이 풀려) 안심하다'는 뜻. 어떤 문제가 해결됐을 때 쓰는 표현이다.

---

329 어이쿠(어머나), 큰 일 날 뻔 했구나.

ひえーっ。ちょっとあぶなかったね。

- 앗차 하는 순간에 큰일날 뻔 한 얘기를 들었을 때 나오는 관용구. 「あぶない」는 '위험하다'는 뜻으로 직역하면 "위험했구나."라는 뜻이다.
- ひえーっ:어이쿠, 어머나(놀랐을 때)

---

330 모든 것이 다 잘 돼서 안심하고 있습니다.

なにもかもうまくいってほっとしています。

- 어떤 일이 잘 해결되었거나 마무리되어 다행이란 뜻이다.
- なにもかも:모든 일이
- うまくいく:잘 되다, 잘 돼가다

106 | 연인과 헤어졌을 때

331 보고 싶어 견딜 수가 없어.

会(あ)いたくてたまらない。

○ 여기서 '보고 싶다'는 만나고 싶다는 뜻이므로「見(み)たい」가 아니라「会(あ)いたい」라고 해야 한다. '견딜 수 없다, 죽겠다'고 외치고 싶을 때는「死(し)にそう!」라고 한다.

---

332 그녀(그)에게 버림받았다.

彼女(かのじょ)(彼(かれ))に捨(す)てられた。

○「捨(す)てる」는 '버리다'「捨(す)てられる」는 '버림받다'는 뜻이다. 이와 비슷한 표현으로「ふる」가 있는데, '퇴짜놓다, 거절하다, 뿌리치다'란 뜻이다.「ふられる。」는 '차이다'란 뜻. "바람맞았어"는「すっぽかされた。」라고 한다.

・〜に捨(す)てられる:〜에게 버림받다

---

333 그녀(그)는 떠나갔다.

彼女(かのじょ)(彼(かれ))はさって行(い)った。

○「去(さ)る」는 '떠나다'란 뜻이고, '헤어지다'는「わかれる」라고 한다

107 | 화가 났을 때

334 어떻게 그럴 수가 있죠?

よくそんなことができますね。

---

335 내 참, 기가 차서 원….(할말이 없군)

あきれてものも言(い)えないよ。(남자말)

あきれてものも言(い)えないわ。(여자말)

- 직역하면 질려서 말도 못하겠다는 뜻. '멋대로 해'는「かってにしろ」.
- ものも言(い)えない : 말도 못하겠다 / ものを言(い)う : 말을 하다

---

336 아휴, 열받어….

もう頭(あたま)に来(き)た!

- 「頭(あたま)に来(く)るよ」(너 때문에 미치겠어, 네가 날 화나게 하는구나)라고도 한다.
- 頭(あたま)に来(く)る : 열받다, 화가 나다

---

337 정신이 있는 거야, 없는 거야?

一体(いったいなに)何を考(かんが)えてたんだか。

- "그러면 혼나는 줄 알아"하고 경고할 때는「そんなことしたら承知(しょうち)しないぞ。」라고 한다.

108 | 변명할 때

338 그럴 생각은 없었는데….

そんなつもりじゃなかったんだけど…。

・つもりではない : ~할 작정이 아니었는데, ~할 생각은 없었는데

---

339 일부러 그런 게 아니에요.

わざとしたことではありません。

---

340 설마 제가 그랬겠어요?

わたしがそんなことするとお思いですか。

---

341 변명할 마음은 없습니다만….

言い訳するわけではありませんが…。

・言(い)い訳(わけ) : 변명

---

342 그렇게 말씀하시면 저도 할말이 없습니다만….

そう言われたらわたしも何も
言えませんが…。

4. 네번째 장

멋지게 통하는 상호향호1화

109 한국어를 할 수 있는 분

343 한국어를 할 수 있는 분은 있습니까?

韓国語(かんこくご)が話(はな)せる方(かた)はいますか。

- 話(はな)せる : 말할 수 있다, 말할 수 있는
- 方(かた) : 분

344 예약하고 싶습니다만….

予約(よやく)したいんですが。

○ 자신의 의사나 희망사항을 말할 때, 흔히 「〜たいんですが…」(〜하고 싶습니다만) 하고 말끝을 흐리는 것이 자연스럽다.

- 予約(よやく)する : 예약하다

345 오늘 밤 방을 예약하고 싶습니다만….

今夜(こんや)部屋(へや)を予約(よやく)したいんですが…。

- 今夜(こんや) : 오늘 밤
- 部屋(へや) : 방

110 부탁합니다.

호텔예약

346 (방을 선택할 때)싱글룸을 하나 부탁합니다.

シングルを一部屋(ひとへや)お願(ねが)いします。

・一部屋(ひとへや) : 방 하나

---

347 트윈룸을 하나 부탁합니다.

ツインを一部屋(ひとへや)お願(ねが)いします。

○ 호텔을 예약할 때 흔히 나올 수 있는 말이다. シングル는 영어 single의 일본식 발음으로, single room을, ツイン은 영어 twin의 일본식 발음으로, twin room을 일컫는다. 또, '방 2개'라고 할 때는「二部屋(ふたへや)」라고 하면 된다.

---

348 다타미방으로 부탁합니다.

和室(わしつ)でお願(ねが)いします。

○ 「和室(わしつ)」는 일본식 방으로 '다타미' 방에 이불을 깔고 자는 방으로 우리의 온돌방에 해당한다. 참고로 침대 방은 「洋室(ようしつ)」라고 하면 된다. 앞에서 나온 シングル、ツイン은 洋室의 경우를 말한다.

111 | 얼마예요?

349 내일부터 3일간 싱글룸을 하나 예약하고 싶습니다만….

明日(あした)から3日間(みっかかん)、シングルを一部屋(ひとへや)予約(よやく)したいんですが…。

- きのう:어제 / きょう:오늘 / 明日(あした):내일
- 1日(いちにち):하루
  2日間(ふつかかん):이틀간
  3日間(みっかかん):3일간

350 하룻밤에 얼마입니까?

1泊(いっぱく)いくらですか。

351 싱글은 하나에 얼마예요?

シングルは一部屋(ひとへや)いくらですか。

○ "트윈룸은 하나에 얼마입니까?"는「ツインは一部屋(ひとへや)いくらですか。」라고 하면 된다.

112 | 철자를 부탁합니다.

352 성함의 철자를 부탁합니다.

お名前のつづりをお願いします。

- つづり : 철자, 스펠링(スペリング)

---

353 KIM MI RA입니다.

KIM MI RAです。

○ 아시다시피 일본어는 특별한 경우를 제외하고는 대부분 받침이 없는 말이기 때문에 '김'이라고 해도 일본 사람은 '기무'라고 발음하는 경우가 많다. 정확한 발음을 유도하기 위해서는 가타카나로 표기해 주거나 영문으로 알려주는 것도 한 방법이다. 또, 호텔이나 비행기, 신칸센 등을 예약할 경우, 영문표기를 하는 경우가 종종 있는데, 그것은 일본인이든 외국인이든 이름 읽기가 어렵기 때문이다.

☆ 일본식으로 읽는 알파벳

A	에―	H	엣치	P	피―	W	다브류
B	비―	I	아이	Q	큐―	X	엑(쿠)스
C	씨―	J	제이	R	아―루	Y	와이
D	디― or 데―	K	케이	S	에스	Z	젯토
E	이―	L	에루	T	티―		
F	에후	M	에무	U	유―		
G	지―	O	오―	V	브이		

113 | 성함을 여쭤봐도 될까요?

354 성함을 여쭤봐도 될까요?

お名前をうかがってもよろしいですか。

- お名前(なまえ) : 성함
- うかがう : 여쭈다

---

355 성함과 전화 번호를 말씀해 주시겠습니까?

お名前と電話番号をうかがってもよろしいですか。

- 電話番号(でんわばんごう) : 전화번호

---

356 김민수입니다. 전화번호는 332 ― 1234입니다.

金ミンスです。電話番号は３３２―１２３４です。

○ 전화번호를 말할 때 「―」는 「の」로 읽는다. 그리고 숫자는 2(に) 5(ご) 의 경우 약간 길게 '니-' '고-'처럼 발음하는 경향이 있다. 숫자 「0」은 「れい」(영) 또는 「ゼロ」(제로)로 읽는다.

114 몇 시쯤 될까요?

357 몇 시쯤 도착하십니까?

ご到着は何時頃になりますか。

- 「～頃(ごろ)」는 시간이나 때를 나타내는 말 뒤에 붙어 '～쯤', '～경'의 뜻을 나타낸다.

- (ご)到着(とうちゃく):도착(「ご」가 붙으면 정중한 말)
- ～に なる:～이 되다

---

358 저녁 6시쯤 될 것 같습니다.

夕方の6時頃になると思います。

- 夕方(ゆうがた):저녁 무렵
- ～と思(おも)う:～라고 생각한다

---

359 오전 10시쯤 될 것 같습니다.

午前10時頃になると思います。

- 午前(ごぜん):오전 ↔ 午後(ごご):오후

115 | 호텔을 찾고 있는데요.

호텔예약

360 신주꾸에서 (묵을) 호텔을 찾고 있습니다만….

新宿でホテルを探しているんですが…。
しんじゅく / さが

- ホテル : 호텔, hotel
- 探(さが)す : 찾다

---

361 아침식사가 되는 트윈룸 하나를 부탁합니다.

朝食付きのツインを1部屋お願いします。
ちょうしょくつ / ひとへや / ねが

- ～付(つ)き : 우리말의 '～포함', '～붙임'에 해당하는 말.
- おふろつき : 욕실있음(방 광고)

---

362 3박쯤 될 것입니다만….

3泊くらいになると思いますが…。
さんぱく / おも

- 3泊(さんぱく) : 3박

116 | 비싸네요.

363 비싸군요. 좀 더 싼 곳은 없습니까?

高いですね。もう少し安いところはありませんか。

- もう少(すこ)し：좀 더
- 安(やす)い：싸다, 싼 ↔ 高(たか)い

---

364 어떻게 달라요?

どう違うんですか。

---

365 플라자호텔로 하겠습니다.

プラザホテルにします。

○ 「～にします」는 '～로 하겠습니다'란 뜻으로 선택하거나 물건을 살 때 등 편리하게 쓸 수 있는 표현이다. ～부분에 필요한 단어를 넣어 말하면 된다.

- ～にする : ～로 하다

117 | 빈 방 있어요?

366 예약을 하지 않았습니다.

予約をしていません。

367 오늘밤 빈 방 있습니까?

今夜部屋は空いていますか。

368 공교롭게도 오늘 밤은 만실입니다.

あいにく今夜は満室です。

○ '(아직) ~(하)지 않았습니다'라고 할 때는 「~しませんでした」가 아니라 「~して いません」이라고 한다는 데 주목하자! 회화체에서는 보통 「~ていますか」에서 「い」를 생략해서 「~てますか」라고 한다. 또, '만원입니다', '만실입니다'는 「いっぱいです。」(가득 찼습니다.)라고도 한다.

- あいにく : 공교롭게
- 今夜(こんや) : 오늘밤
- 満室(まんしつ) : 만실

118 | 취소하고 싶은데요.

369 예약을 취소하고 싶은데요.(예약을 취소할 때)

予約をキャンセルしたいんですが…。

- キャンセル는 영어 cancel의 일본식 발음으로, '취소'의 뜻이다. =とりけし(취소)

---

370 하루라도 빨리 출발하고 싶습니다만….

一日も早く出発したいんですが…。

- 一日(いちにち)も : 하루라도
- 早(はや)く : 빨리, 일찍
- 出発(しゅっぱつ) : 출발 ↔ 到着(とうちゃく) : 도착

---

371 1박 더 하고 싶은데요.

もう1泊したいんですが…。

- '1박 더'는 「1泊もう」가 아니라 「もう1泊」와 같이 표현한다.

119 | 이틀 더…

372 이틀 더 묵고 싶습니다만….

あと2日間(ふつかかん)泊(と)まりたいんですが…。

- 「あと(後)」는 '~하고 난 뒤(후), 더, 나머지' 등의 뜻이 있는데, 여기서는 '~더'라는 뜻을 나타낸다.
- 泊(と)まる : 머물다, 묵다

---

373 추가 요금은 얼마입니까?

追加料金(ついかりょうきん)はいくらですか。

- 追加(ついか) : 추가
- 料金(りょうきん) : 요금

120 | 전화로 예약했어요.

374 체크 인을 부탁합니다.(체크인)

チェックインをお願(ねが)いします。

○ **チェックイン**은 영어 check in의 일본식 발음이다.

---

375 예약은 하셨습니까?

予約(よやく)はなさっていますか。

---

376 네, 전화로 예약했습니다.

はい、電話(でんわ)で予約(よやく)しました。

---

377 아니오, 예약은 안 했는데요.

いいえ、予約(よやく)はしてませんが…。

121 | 성함이…?

378 성함을 말씀해 주십시오.

お名前（なまえ）をどうぞ。

- 「どうぞ」는 원래 '어서'라는 뜻이지만, 상대방의 행동을 정중히 권유하거나 재촉할 때 쓴다. 우리말로는 '~하세요' 정도의 뉘앙스이다.

---

379 카드 기입과 사인을 부탁합니다.

カードのご記入（きにゅう）とサインをお願（ねが）いします。

- (ご)記入（きにゅう）: 기입
- サイン: 사인, 서명, sign

---

380 포터가 방까지 안내해 드릴 겁니다.

ポーターがお部屋（へや）までご案内（あんない）いたします。

- ポーター: 포터(가방 들어주는 사람)
- (お)部屋（へや）: 방, 룸
- (ご)案内（あんない）: 안내

122 | 장소는 어디예요?

호텔예약

381 방까지 짐을 운반해 주시겠습니까?

部屋まで荷物を運んでいただけませんか。

- 우리말의 '짐'을 일본어로는 「荷物(にもつ)」라고 하고, 손에 들 수 있는 가벼운 짐은 「手何物(てにもつ)」라고 한다.
- 運(はこ)ぶ : 옮기다, 운반하다

---

382 아침식사는 몇 시부터입니까?

朝食は何時からですか。

- 아침식사 시간은 호텔에 따라 약간 다르나 보통은 7시에서 10시 사이가 주를 이룬다. 아침식사는 「朝食(ちょうしょく)」, 식사는 「食事(しょくじ)」라고 한다.

---

383 장소는 어디입니까?

場所はどこですか。

- 場所(ばしょ) : 장소

123 | 가르쳐 주세요.

384 보관함을 이용해 주십시오.

セーフティーボックスをお使(つか)いください。

- セーフティーボックス : 보관함, safety box

---

385 사용법을 가르쳐 주십시오.

使(つか)い方(かた)を教(おし)えてください。

- 使(つか)い方(かた) : 사용법, 쓰는 방법
- 教(おし)える : 가르치다

---

386 방 열쇠를 하나 더 얻을 수 있습니까?

部屋(へや)のかぎをもう一(ひと)ついただけませんか。

○ 일본의 호텔에서는 방 열쇠는 보통 하나만 준다. 그래서 단체여행으로 트윈룸에 묵을 때는 키를 카운터에 맡겨두고 두 사람이 같이 사용하는 경우가 많다. 요즘은 대부분 카드로 되어 있다.

- かぎ : 열쇠 = キー(키)

124 | 몇 시가 좋으세요?

387 몇 시가 좋으세요?(모닝콜이나 기타 서비스 이용시)

何時(なんじ)がよろしいですか。

388 7시에 부탁합니다.

７時(しちじ)にお願(ねが)いします。

389 (세탁물을 맡길 때)언제까지 됩니까?

いつごろまでにできますか。

- 「よろしいですか。」는 「いいですか」(좋습니까?)의 정중한 말이고, 「～までに」는 '～까지'의 뜻으로, 기한까지 어떤 행동이 한 번에 이루어질 때 쓰는 말이다.
  - いつごろ: 언제쯤
  - ～までに: ~까지

125 | 누구세요?

390 누구세요?

どなたですか。

- 「どなたですか。」는 누군가가 노크를 할 때 '누구세요?' 하고 묻는 말이고, "어디서 오셨어요?"라고 할 때는 「どちらさまですか。」라고 한다.

- どなた : 누구, 어느 분

---

391 어떻게 가면 돼요?

どう行(い)けばいいんですか。

- '~에 가려면'을 앞에 덧붙이려면 「~へ行(い)くには」라고 한다.

- どう : 어떻게
- 行(い)けば : 가면 (~ば : ~면)

---

392 걸어서 갈 수 있습니까?

歩(ある)いて行(い)けますか。

- 歩(ある)いて : 걸어서 (歩く)
- 行(い)ける : 갈 수 있다 (가능형)

126 | 죄송하지만…

393 죄송하지만, 만 엔 짜리 지폐를 잔돈으로 바꿔 주시겠어요?

すみませんが、一万円札をくずしていただけますか。

- 지폐의 경우 '~짜리, ~권'는 「さつ」라고 한다. 또, '지폐를 동전으로 바꾸다'를 「くずす」라고 한다는 것도 기억해 두자.
- 一万円札(いちまんえんさつ) : 만엔짜리 지폐
- くずす : (큰 돈을 잔돈으로) 바꾸다, 헐다

394 이 책을 부쳐 주시겠습니까?

この本を送っていただけますか。

- 送(おく)る : 부치다, 보내다

395 지불은 어떻게 하시겠습니까?

お支払いはどのようになさいますか。

- (お)支払(しはら)い : 지불
- どのように : 어떻게 (= どう)

127 | 카드 돼요?

396 현금으로 (지불)하겠습니다.

現金(げんきん)でお願(ねが)いします。

- 現金(げんきん) : 현금

---

397 신용카드는 사용할 수 있습니까?

クレジットカードは使(つか)えますか。

○ 신용카드는 「クレジット カード」 또는 「カード」라고도 한다.

---

398 청구서가 잘못된 것 같은데요.

請求書(せいきゅうしょ)がまちがっているようですが…。

○ 계산이 틀릴 경우, 「計算(けいさん)がまちがっているようですが。」라고 해도 좋다.
- 請求書(せいきゅうしょ) : 청구서
- まちがう : 틀리다

128 | 괜찮을까요?

399 방에 카메라를 두고 온 것 같습니다.

部屋にカメラを忘れて来たようです。

- 忘(わす)れる : (물건을) 잊고 두고 오다(가다)

---

400 가지러 가도 될까요?

取りに行ってもよろしいですか。

- '동사 ます형 + に'는 '~하러(목적)'의 뜻을 나타낸다.
- 取(と)りに行(い)く : 가지러 가다

---

401 1시까지 짐을 맡겨도 괜찮겠습니까?

1時まで荷物を預けてもかまいませんか。

- 「かまいませんか。」는 "상관없습니까?", "괜찮습니까?"의 뜻으로, 「いいですか。」라고 해도 된다.
- 預(あず)ける : 맡기다 ↔ 預(あず)かる : 맡다

129 택시를 불러 주세요.

택시타기

402 택시를 불러 주시겠어요?

タクシーを呼んでもらえますか。

- 「もらえますか」를「いただけますか」로 바꾸면 좀더 정중한 표현이 된다. 일본에서 택시를 잡으려면, 앞에 「空車(くうしゃ)」라는 빨간 불이 켜져 있을 경우 손을 들면 된다.

---

403 택시 타는 곳은 어디입니까?

タクシー乗り場はどこですか。

- 일본의 택시는 승차거부나 합승(あいのり)같은 것은 하지 않으므로 행선지를 말하고 탈 필요가 없다. 하지만 택시요금이 우리나라의 모범택시비 정도에 해당하므로 가까운 거리만 이용하는 것이 경제적이다. (가능하면 지하철을 이용하자.)

---

404 택시는 어디에서 잡을 수 있습니까?

タクシーはどこで拾えますか。

- タクシーを拾(ひろ)う : 택시를 잡다

130 | 여기로 가 주세요.

405 여기로 가 주세요.(택시기사에게 주소 등을 보여주며)

ここへ行(い)ってください。

- 「へ」는 '~에/로'란 뜻의 조사로, 방향을 나타낸다. 여기서는 「まで(~까지)」를 써서 「ここまでお願(ねが)いします。」(여기로 가 주세요.)라고 해도 좋다.

---

406 트렁크를 열어 주세요.

トランクを開(あ)けてください。

- トランク:트렁크
- 開(あ)ける:열다

---

407 공항까지 부탁합니다.

空港(くうこう)までお願(ねが)いします。

- 「~までお願(ねが)いします」는 택시를 타고 어디까지 가 달라고 할 때 편리하게 쓸 수 있는 표현이다.

131 | 가야 합니다.

택시타기

408 9시까지 공항에 가야 합니다.

9時(くじ)までに空港(くうこう)に行(い)かなければならないんです。

- 동사에 「~なければならない(ん)です」를 붙이면 '~하지 않으면 안됩니다'라는 뜻이 되어, 의무를 나타낸다.
- 空港(くうこう) : 공항

---

409 지금 어디입니까?

今(いま)どこですか。/ どの辺(へん)ですか。

- どの辺(へん) : 어디쯤

---

410 다음 사거리에서 좌(우)회전 해 주세요.

次(つぎ)の交差点(こうさてん)を左(ひだり)(右(みぎ))に曲(ま)がってください。

- 交差点(こうさてん) : 교차로
- 左(ひだり) : 왼쪽
- 右(みぎ) : 오른쪽

132 | 네, 알겠습니다.

411 저, 프린스호텔까지 부탁합니다. (공항에서 호텔에 갈 때)

あのー、プリンスホテルまでお願（ねが）いします。

- 「お願(ねが)いします」는 '부탁합니다'란 뜻이지만, 여기서는 '가 주세요'란 뜻이다. 이렇게 일본어에서는 남에게 어떤 행동을 권하거나 부탁할 일이 있을 때 구체적인 동사를 쓰지 않아도 '오네가이시마스' 한 마디면 거의 다 통하므로, 매우 편리하게 쓸 수 있는 말이다.

---

412 프린스호텔말씀이세요?

プリンスホテルですか。

---

413 예, 알겠습니다.

はい、かしこまりました。

- 「かしこまりました。」는 손님에게 쓰는 말로 "알겠습니다."라는 뜻이다. 보통 회화에서는 「わかりました。」라고 한다.

---

414 어디에 있는 프린스호텔이죠?

どこのプリンスですか。

- '프린스호텔'이란 이름으로 여러군데에 있다면 이렇게 물어볼 수 있다.

133 | 얼마나 걸립니까?

택시타기

415 죄송하지만, 호텔까지 얼마나 걸려요?(차 안에서)

すみませんが、ホテルまでどれくらいかかりますか。

○ 질문을 할 때 「すみませんが」하고 말을 꺼내면 부드럽고 정중하게 들린다. 꼭 죄송하다는 뜻이 들어있다기보다는 관용적으로 자주 쓰는 일종의 쿠션역할을 하는 말이라고 생각하면 된다. 「かかる」는 시간이나 비용이 '들다'란 뜻이다.
・かかる:(시간이나 비용이) 걸리다, 들다

416 한 시간 정도 걸립니다.

1時間くらいかかります。

417 죄송하지만, 가까운 역 앞에서 내려 주세요.

すみませんが、近い駅の前で降ろしてください。

○ "차가 막히니까"란 말을 덧붙이고 싶다면 「こんでいますから。」라고 하면 된다.
・前(まえ):앞
・降(お)ろす:내리다

134 | 얼마예요?

418 얼마예요?(목적지에 도착해서)

いくらですか。

419 13,000엔입니다. 감사합니다.

1万3千円です。どうもありがとうございました。
(いちまんさんぜんえん)

> 일본에서는 택시가 목적지에 도착하면 계산을 하고 나서 내려야 한다. 당연한 얘기지만, 계산을 하는 도중에 엉거주춤하게 내려서 차 밖에 서서 잔돈을 받는 풍경은 거의 볼 수가 없다. 또, 택시문은 자동으로 열리고 닫히기 때문에 계산을 끝내고 나서 운전수가 문을 열어주면 천천히 내리면 된다.

420 2만엔 받았습니다.

2万円お預かりします。
(にまんえん)(あず)

421 7천엔 잔돈입니다.

7千円のお返しです。
(ななせんえん)(かえ)

・お返(かえ)し : 거스름돈

135 | ~에 가려면

전철·버스

422 동대문에 가려면 어느 역에서 내려야 합니까?

東大門へ行くには、どの駅で降りればいいですか。

- 「동사의 기본형 + には」는 '~하려면'에 해당하는 말로 그리 어렵지는 않은데, 잘 떠오르지 않는 표현 중의 하나다. 특히 '~에 가려면'이라고 할 때 딱 맞는 표현이므로 기억해두면 편리하게 쓸 수 있다.
- 降(お)りる : 내리다

---

423 다음 역에서 내리면 됩니다.

つぎの駅で降りればいいです。

- 駅(えき) : 역
- 降(お)りる : 내리다

---

424 시청역에서 1호선으로 갈아타세요.

市庁駅で1号線に乗り換えてください。

- 乗(の)り換(か)える : 갈아타다
- 一本(いっぽん)で行ける : 한번에 (갈아타지 않고) 갈 수 있다
- 서울은 시청 (市庁), 도쿄는 都庁(とちょう).

136 | 어디예요?

전철·버스

425 버스정류장은 어디예요?(버스를 이용할 때)

バスの停留所はどこですか。
　　　ていりゅうじょ

- バス는 영어 bus(버스)의 일본식 발음인데, 또 '욕실(bathroom)'이라는 뜻도 있다. 버스정류장은 줄여서 「バスてい」라고도 한다.
- 停留所(ていりゅうじょ) : 정류소, 정류장

---

426 리무진 정류장은 어디예요?

リムジン乗り場はどこですか。
　　　　の　ば

- リムジン : 리무진(공항직행버스)

---

427 시내행 버스는 어디서 타면 돼요?

市内行のバスはどこで乗ったらいいですか。
しないゆき　　　　　　　　の

- 市内行(しないゆき) : 시내행

137 | 시내로 가는 버스

전철·버스

428 시내로 가는 버스정류장은 어디입니까?

市内に行くバスの乗り場はどこですか。

---

429 승차권 파는 곳은 어디입니까?

切符売り場はどこですか。

- 切符(きっぷ) : 표, 승차권, 티켓
- 売(う)り場(ば) : 파는 곳, 매장
- 乗(の)り場(ば) : 타는 곳, 승차장

> ☆ 일본의 버스
>
> 도쿄의 경우 워낙 전철이 발달해 있어, 버스는 대수도 많지 않고, 이용자도 그리 많은 편은 아니다. 또한 요금도 거리에 따라 다르지만 (멀면 그만큼 더 비싸다.) 보통 200~300엔 정도로 비싼 편이고, 또 대도시의 경우 도로가 자주 막히므로 가장 대중적인 교통수단이라고 하면 역시 전철을 꼽을 수 있다.

138 ~까지 얼마예요?

전철·버스

430 시청역에 가고 싶습니다만….(전철 매표소에서)

市庁駅まで行きたいんですが…。

---

431 시나가와까지 얼마예요?

品川までいくらですか。

○ 「~まで いくらですか」는 승차권 요금을 물을 때 가장 일반적으로 쓰는 말이다. 앞에 자신이 가려고 하는 행선지명을 넣어 말해 보자.

---

432 왕복 요금은 얼마입니까?

往復料金はいくらですか。

○ '편도'는 「片道(かたみち)」라고 한다.

> ☆ 일본의 전철
> 일본의 전철은 대개 역 매표구 위에 전철역과 각 역의 요금이 적혀 있으므로, 자판기에서 살 수도 있다. 가령 시나가와에서 출발한다면 신주쿠역까지 얼마라는 식으로 각 역마다 요금이 다른 것이 특징이다.

139 | 도착하면 알려 주세요.

전철·버스

433 이 버스는 인사동에 갑니까?

このバスは仁寺洞へ行(い)きますか。

---

434 이 버스는 인사동에(서) 섭니까?

このバスは仁寺洞に止(と)まりますか。

- 「止(と)まる」는 '멈추다'란 뜻이므로, 「止(と)まりますか。」는 "섭니까"란 뜻이다. "여기서 세워 주세요."라고 할 때는 「ここで止(と)めてください。」 또는 「ここでおろしてください。」(여기서 내려 주세요.)라고 말하면 된다.
- ~に止(と)まる : ~에 서다
- ~で止(と)める : ~에서 세우다(조사 사용에 유의!)

---

435 죄송하지만, 도착하면 알려 주세요.

すみませんが、着(つ)いたら教(おし)えてください。

- 着(つ)く : 도착하다 (물건이 '도착하다, 당도하다'고 할 때는 「届(とど)く」라는 단어를 쓴다.

140 | 몇 번째예요?

436 롯데호텔은 여기서 몇 번째 정류장입니까?

ロッテホテルはここから何番目のバス停ですか。

- '~번째'라는 말은 일본어로 「~番目(ばんめ)」라고 한다.
  - 첫 번째 : いちばんめ
  - 두 번째 : にばんめ
  - 세 번째 : さんばんめ

---

437 어디서 갈아타면 돼요?

どこで乗り換えたらいいですか。

- 乗(の)り換(か)えたら : 갈아타면
- 乗(の)り換(か)え : 환승

141 | 출구가 어디예요?

 전철·버스

438 을지로까지 두 장 주세요.

乙支路まで2枚お願いします。

- 枚(まい) : ~장(종이나 표 등 얇고 평평한 것을 세는 조수사)

---

439 이 지하철은 을지로에 정차합니까?

この地下鉄は乙支路に止まりますか。

---

440 롯데백화점으로 나가는 출구는 어디예요?

ロッテデパートに出る出口はどこですか。

- 出(で)る : 나가다, 나오다
- 出口(でぐち) : 출구
- 入口(いりぐち) : 입구
- 出入口(でいりぐち) : 출입구

142 | 이 근처에

441 이 근처에 맛있는 레스토랑이 있습니까?

この近(ちか)くにおいしいレストランはありますか。

- 「近(ちか)く」는 부사로 쓰이면 '가까이', 명사로 쓰이면 '근처', '부근'의 뜻을 나타낸다.
- おいしい : 맛있다, 맛있는
- レストラン : 레스토랑

---

442 아직 영업중인 레스토랑이 있습니까?

まだ開(あ)いているレストランはありますか。

- 開(あ)いている : 열려 있는

---

443 일본 음식을 먹고 싶은데요….

日本料理(にほんりょうり)が食(た)べたいんですが…。

- 日本料理(にほんりょうり) : 일본요리, 일식(和食 わしょく)
- 中国料理(ちゅうかりょうり) : 중화요리, 중국요리, 중국음식
- 韓国料理(かんこくりょうり) : 한국요리, 한정식

143 | 비쌉니까?

음식점 이용하기

444 그 레스토랑은 비쌉니까?

そのレストランは高(たか)いですか。

- 高(たか)い : 비싸다
- 安(やす)い : 싸다
- ふつう : 보통

445 가는 방법을 가르쳐 주십시오.

行(い)き方(かた)を教(おし)えてください。

- 行(い)き方(かた) : 가는 법
- 生(い)き方(かた) : 삶의 방식, 사는 방식

446 어떻게 가면 되나요?

どう行(い)けばいいですか。

- どう : 어떻게 = どうやって
- 行(い)けば : 가면 (~ば : ~면)
- 歩(ある)いて : 걸어서 / バスで : 버스로 / 電車(でんしゃ)で : 전철로

144 | 예약하고 싶은데요.

447 여보세요. 로열 레스토랑입니까?

もしもし。ローヤルレストランですか。

---

448 오늘밤 7시에 두 명 예약하고 싶은데요….

今夜7時に2人予約したいんですが…。

・今夜(こんや) : 오늘 밤

---

449 예, 성함이 어떻게 되시죠?

はい、お名前をどうぞ。

---

450 죄송합니다. 그 시간은 벌써 꽉 찼는데요….

すみません。その時間はもういっぱいなんですが。

- 「もういっぱいなんですが。」 대신 「こんでますが。」(손님으로 혼잡합니다만)라는 말을 쓰기도 한다.
- いっぱい : 가득함, 만원임

145 몇 시라면 괜찮아요?

451 몇 시라면 괜찮겠습니까?

何時ならいいですか。

○ 「何時ならよろしいですか。」라고 하면 좀더 정중한 표현이 된다.

---

452 8시라면 가능합니다만….

8時ならお取りできますが…。

- 取(と)る : 잡다(여기서는 레스토랑 등에서 좌석을 마련한다는 뜻으로 쓰였다.)

---

453 그럼 다음 기회로 하겠습니다.

では、次回にします。

- 次回(じかい) : 다음, 다음 기회
- ~にする : ~로 하다

146 : 취소하고 싶은데요.

454 성함을 여쭤봐도 될까요?

お名前(なまえ)をうかがえますか。

- 짧게「お名前(なまえ)をどうぞ。」(성함을 말씀해 주십시오) 하고 묻는 경우도 있다. 아주 정중하게 말하고 싶을 때는「うかがえますか」를「おうかがいしてもよろしいですか」로 바꾸어 말하면 된다.
- うかがう:여쭈다

---

455 김이라고 합니다.

金と申(もう)します。

- 「~と申(もう)します」는 자기 이름을 말할 때 쓰는 공손한 표현으로, 짧게「金といいます。」나「金です。」라고도 한다.

---

456 예약을 취소하고 싶은데요.

予約(よやく)をキャンセルしたいんですが。

- キャンセル는 cancel의 일본식 표기 = とりけし(취소)

일본 음식 이야기

▶ 사시미(さしみ:생선회)

생선회, 혹은 활어(いきづくり=いけづくり)를 가리킨다. 일본 사람들이 좋아하는 사시미 재료는 타이(たい:도미), 히라메(ひらめ:광어), 마구로(まぐろ:참치), 하마치(はまち:방어 새끼), 가츠오(かつお:가다랭이), 에비(えび:새우), 이까(いか:오징어), 다꼬(たこ:문어) 등이 있다.

▶ 스시(すし:생선 초밥)

식초와 설탕 등으로 간을 한 밥 위에 날생선을 얹어 먹는 생선 초밥은, 값은 비싼 편이지만 일본인들이 가장 좋아하는 음식 중 하나이다. 전통 스시집도 좋지만, 가격이 너무 비싸서 좀더 저렴한 값으로 즐기려면 구르구르즈시야(회전 초밥집)를 이용하는 것도 좋다. 초밥 위에 올려지는 생선에 따라 이름이 붙여진다.

▶ 돔부리(どんぶり:덮밥)

'돔부리'란 원래 '사발'이란 뜻인데, 음식이름으로는 '덮밥'을 말한다. 밥 위에 얹은 재료의 종류에 따라 이름이 붙여지는 것이 특징이다.
'돔부리'의 종류는 텐동(てんどん:튀김 덮밥), 규—동(ぎゅうどん:쇠고기 덮밥), 가츠동(カツどん:돈까스 계란 덮밥), 오야코동(おやこどん:닭고기 계란 덮밥), 우나동(うなどん:장어구이 덮밥), 덱카동(てっかどん:참치회 덮밥) 등, 종류도 가지가지.

☆ 한국음식 - 일본에서는 이렇게 말해요.
- 김치 : キムチ
- 나물 : ナムル
- 갈비 : カルビ
- 국밥 : クッパ
- 비빔밥 : ビビンバ(ビビンパ)
- 냉면 : 冷麺(れいめん)
- 불고기, 갈비 등 : 焼き肉(やきにく)

▶ 오니기리(おにぎり:주먹밥)

'오니기리'는 우리 나라의 주먹밥과 비슷한 음식으로, 간단하게 끼니를 때울 때 매우 좋다. 편의점에 가보면 삼각형 모양으로 김으로 싼 주먹밥을 볼 수 있는데, 속에는 타라코(たらこ:조미대구알), 우메보시(うめぼし:매실절임), 가츠오부시(かつおぶし:가다랭이포), 씨―치킹(シーチキン:참치통조림) 등 재료가 다양하므로 입맛에 따라 골라 먹으면 된다.
참고로, '오니기리'는 니기루(にぎる:쥐다)라는 동사에서 나온 말이지만, '니기리'라고는 하지 않고, 보통 '오'를 붙여 '오니기리'라고 한다.

147 | 지금 식사됩니까?

457 지금 식사 됩니까?

今<ruby>食事</ruby>できますか。
(いま しょくじ)

- 특별히 고급 레스토랑인 경우를 제외하고는 일반 음식점은 예약 없이 이용할 수 있다.
- 食事(しょくじ) : 식사

---

458 몇 분이십니까?

何名様でございますか。
(なんめいさま)

- 何名様(なんめいさま) : 몇 분 ・~でございますか : ~이십니까?

---

459 네 사람입니다.

4人です。
(よにん)

☆ 사람 수 세기

- 1人(ひとり) : 한 명 ⋯ ふたり ⋯ さんにん ⋯ よにん ⋯ ごにん ⋯ ろくにん ⋯ しちにん(ななにん) ⋯ はちにん ⋯ きゅうにん ⋯ じゅうにん

148 | 기다려 주시겠어요?

460 죄송합니다만, 만석입니다. (자리가 없을 때)

すみませんが、満席(まんせき)でございます。

○ 「~でございます」는 「~です」의 아주 정중한 표현으로 흔히 손님(고객)에게 쓰는 말이다.

---

461 기다려 주시겠습니까?

お待(ま)ちいただけますか。

○ 이 표현은 일상생활에서도 정중하게 "기다려 주시겠어요?"란 뜻으로 자주 쓰이는 말이다.

---

462 얼마나 기다려야 합니까?

どれくらい待(ま)たなければなりませんか。

· どれくらい: 어느 정도, 얼마나 (시간이나 비용, 거리 등)

149 | 예약했습니다.

463 금연석으로 해 주세요.

禁煙席にしてください。

- 禁煙席(きんえんせき): 금연석
- 喫煙席(きつえんせき): 흡연석

---

464 창가 자리를 부탁합니다.

窓がわの席をお願いします。

- 「窓(まど)がわの席(せき)にしてください。」라고 해도 좋다.
- 窓(まど)がわ: 창가

---

465 예약하셨습니까?

予約なさいましたか。

---

466 예, 예약했습니다. / 아뇨, 안했는데요.

はい、予約しました。

いいえ、予約してませんが。

150 | 주문 받으세요.

467 주문 받으세요.

注文(ちゅうもん)お願(ねが)いします。

- 이렇게 말하면 대부분의 점원은 「はい、どうぞ。」(예, 말씀하십시오.)라고 대답할 것이다.
- 注文(ちゅうもん) : 주문

---

468 메뉴(판)를 주시겠습니까?

メニューをいただけますか。

- 「メニュー」는 영어 menu의 일본식 발음으로, 순수 일본어로는 「お品書(しなが)き」라고 한다.

---

469 오늘의 추천요리는 무엇입니까?

今日(きょう)のおすすめは何(なん)ですか。

- 「おすすめ」란 '추천할 만한 것', '추천 요리'라는 뜻으로 쓰였다. 식당이나 빵집 등에서 '오늘의 요리' '오늘의 특선' 등의 의미로 써붙여 놓는 곳도 있다.

151 | 어떤 요리예요?

470 이것은 어떤 요리예요? (음식점에서 주문할 때)

これはどんな料理(りょうり)ですか。

- 어떤 음식인지 구체적으로 알고 싶을 때 쓸 수 있는 말. 음식점에 파는 음식은 「食(た)べ物(もの)」라고 하지 않고 「料理(りょうり)」라는 말을 쓴다.

471 (메뉴판을 가리키면서) 이걸로 주세요.

これをください。

- 두 개 이상 시킬 때는 메뉴를 보면서 「これとこれとこれをください。」와 같이 말하면 된다.

472 주문은 정하셨습니까?

ご注文(ちゅうもん)はお決(き)まりですか。

- (ご)注文(ちゅうもん) : 주문
- 決(き)まる : 정해지다 (자동사)
- 決(き)める : 정하다 (타동사)

152 | 같은 걸로 주세요.

473 저것과 같은 걸로 주세요. (음식을 가리키며)

あれと同(おな)じものをください。

- 「同(おな)じものをお願(ねが)いします。」(같은 걸로 부탁합니다.)라고 해도 좋다.
- ~と : ~와, ~랑
- 同(おな)じ : 같은, 동일한

---

474 물 한 잔 주시겠습니까?

お水(みず)を一杯(いっぱい)いただけますか。

- 「お水(みず)」는 '(컵에 담긴) 냉수'라는 뜻으로, 「お冷(ひや)」라고도 한다. 양식당이나 중식당이 아닌 일본 식당에서는 보통 물 대신 녹차가 나오기 때문에 식당 "물 한 잔 주세요."라고 할 때는 「お水(みず)」또는 「お冷(ひや)を1杯(いっぱい)ください」라고 하면 된다.

---

475 물수건 좀 주세요.

おしぼりをお願(ねが)いします。

- おしぼり : 물수건

167

153 : 튀김정식입니까?

476 (메뉴를 선택한 후) 여기요. / 주문 받으세요.

すみません。

477 네, 말씀하세요.

はい、どうぞ。

478 튀김정식 하나 주세요.

てんぷら定食 一つお願いします。

479 튀김정식말입니까?

てんぷら定食ですか。

○ 「てんぷら定食(ていしょく)ですか。」하고 되묻는 것은 잘 몰라서 물어보는 것이 아니라 손님이 주문한 음식을 확인하기 위해서이다. 우리 나라의 백반에 해당하는 것이 「定食(ていしょく)」인데, 「ひがわり定食(ていしょく)」는 매일 반찬이 바뀌어 나오는 것을 말한다.

480 예.

はい。

154 | 시간이 없는데요.

481 (빨리 달라고 할 때) 저-, 지금 시간이 없는데….

あのー、今ちょっと時間がないんですが…。

○ 음식점에서 주문을 하고, 바쁘니까 빨리 달라는 뜻으로 「時間がないんですが…。」라고 말하였다. 이와 비슷한 말로 "좀 급한데 빨리 좀 해주세요."라고 말하고 싶을 때 편리하게 쓸 수 있는 표현으로는 「急(いそ)いでいるんですが…。」라고도 하는데, 정말 시간이 없다면 서서먹는 「立(た)ち食(ぐ)い」 우동집을 이용하는 것도 좋겠다.

---

482 죄송합니다. 잠시만 기다려 주십시오.

申しわけありません。少々お待ちください。

> ☆ 음식점 이로이로(いろいろ)
>
> 도쿄의 경우 전세계의 음식을 다 맛볼 수 있는 곳이라고 일컬어질 정도로 요리의 종류가 다양하다. 직장인들이 점심메뉴로 주로 찾는 것은 생선구이 정식이나 돔부리, 우동, 소바 등이지만, 이탈리아 음식이나 중국요리도 인기다. 또, 간판은 마치 패스트푸드점 같이 보이는데 일반 도시락집보다는 다양한 메뉴의 도시락집도 눈에 띈다. 단체회식용으로는 일정액을 내고 음료, 고기 등을 마음껏 먹을 수 있는 食(た)べほうだい, 飲(の)みほうだい와 같은 식당이나, 이자까야라고 불리는 식사와 술자리를 겸하는 주점도 인기가 있다.

155 | 아직 안나왔어요.

483 요리가 (음식이) 아직 나오지 않았는데요.

料理がまだ来ていませんが。

- 「来(き)ませんでした」가 아니라 「来(き)ていません」으로 표현하는 것에 주목. 우리말의 '아직~안했는데요'는 「まだ~ていません」 구문으로 외워두자.

---

484 죄송합니다. 얼마나 기다리셨습니까?

申しわけありません。どれくらいお待ちですか。

- 친구끼리 "기다렸어?"는 「待(ま)ってたの?」, "기다리셨죠? 죄송합니다."는 「お待(ま)たせしました。」.

---

485 접시 하나 더 주시겠습니까?

お皿をもう一枚いただけますか。

- 그릇. 부엌용품이나 음식에 관련된 생활용어에는 「お」가 붙은 말이 많다. 그리고 기본적으로 일본식사에서는 젓가락만 나온다.
  - お皿(さら) : 접시
  - はし (앞에 お를 넣어도 되고) : 젓가락
  - つまようじ : 이쑤시개
  - スプーン : 숟가락, 스푼
  - はいざら : 재떨이

156 │ 더 먹을 수 있어요?

486 저어, 좀더 먹을 수 있습니까?

あのー、おかわりできますか。

○ 「おかわり」는 '한 그릇 더'라는 뜻으로 밥, 국, 커피 등을 더 먹고 싶을 때 이렇게 말한다. 일본식 여관(りょかん)에서는 시중을 드는 사람이 식사때 옆에서 도와주기도 하는데, 밥을 더 먹고 싶을 때 이렇게 말하면 된다. 「できますか」 대신 「お願いします」라고 해도 OK.

---

487 이건 제가 주문한 게 아닌데요.

これは私が注文したものと違いますが。

○ (메뉴판이 있다면 음식명을 가리키며)「私(わたし)が注文(ちゅうもん)したのは これですが。」(제가 주문한 건 이건데요.)라고 말하면 된다.

---

488 젓가락을 떨어뜨렸습니다.

おはしを落としてしまいました。

· 落(お)とす : 떨어뜨리다

> ☆ 국을 젓가락으로 먹어?
> 일본 사람들은 우동 등을 먹을 때, 렌게(れんげ)라고 하는 스푼을 쓰기도 하지만, 기본적으로는 숟가락을 쓰지 않기 때문에, 상에는 젓가락만 놓여 있다. 그럼, 국은 어떻게 먹을까? 된장국(みそしる)을 먹을 때는 손으로 들고 마시고, 건더기는 젓가락으로 먹는다. 또 어릴 때부터 음식을 덜어먹을 때는 덜어먹기용 젓가락을 사용하고, 밥그릇은 왼손에 들고 먹는 것이라고 가르친다.

157 | 네, 그러세요.

489 접시를 치워도 될까요?

お皿をお下げしてもよろしいですか。

> '그릇을 치우다'는 「お皿(さら)を下(さ)げる」라고 한다. 일본에서는 식사중에 그릇을 치우려 하는 일은 거의 없지만, 혹시 그럴 경우에는 「はい、どうぞ。」(네, 그러세요.) 또는 「まだ食(た)べていますが。」(아직 먹고 있는데요.)라고 말하면 된다.
> ・下(さ)げる : 내리다, 치우다
> ・後片付(あとかたづ)け : 설거지

---

490 예, 그러세요.

はい、どうぞ。

> 남에게 어떤 행동을 권할 때 "그렇게 하세요."란 뜻으로 편리하게 쓸 수 있는 말이니 꼭 외워두자.

---

491 아직 먹고 있습니다.

まだ食べています。

> 「まだ残(のこ)ってますから…。」(아직 남아 있으니까…)라고도 할 수 있다.

158 | 치워 주세요.

492 이것 좀 치워 주세요.

これを下(さ)げてください。

- 음식을 다 먹고 치워달라고 할 때 쓰는 표현이다.

---

493 이것 치워 주시겠어요?

これを下(さ)げていただけますか。

- 위 표현보다 정중하게 들린다.

---

494 죄송합니다. 유리컵을 깨버렸습니다.

すみません。グラスを割(わ)ってしまいました。

- 「グラス」는 '유리컵'이고, 「ガラス」는 '유리'나 '유리창'을 뜻한다. 발음에 주의. 「割(わ)る」는 '깨다, 깨뜨리다'란 뜻이지만, '약속을 깨다'라고 할 때는 「約束(やくそく)を破(やぶ)る」라고 한다. 이밖에도 「やぶる」를 쓰는 경우는 침묵을 깨다 : 沈黙(ちんもく)を破(やぶ)る, 기록을 깨다(갱신하다) : 記録(きろく)を破(やぶ)る 등이 있다.
- 割(わ)る : 깨다, 깨뜨리다

159 계산해 주세요.

495 계산해 주십시오.

お勘定お願いします。
_{かんじょう} _{ねが}

- 「計算(けいさん)」이란 말도 있지만, 음식점 등에서는 「勘定(かんじょう)」를 많이 쓴다. 「いくらですか。」(얼마예요?)는 대개 물건을 살 때 쓰는 말.

---

496 어디서 지불해요?

どこで払うのですか。
_{はら}

- 払(はら)う : 지불하다, 계산하다
- 支払(しはら)い : 지불
- 支払(しはら)い方法(ほうほう) : 지불방법

---

497 영수증 좀 주시겠어요?

レシートをいただけますか。

- 우리나라에서는 계산하는 곳을 카운터라고 하지만, 일본에서는 「レジ」라고 한다. 또 영수증은 「レシート」라고 하는데, 한자어 그대로 써서 「領収証(りょうしゅうしょう)」라고도 한다.

160 | 제가 낼게요.

498 따로 따로 계산하고 싶습니다만.

別々に払いたいんですが。(お願いします。)

- 일본에서는 동료들이나 친구들과 밥을 사먹더라도 와리캉〔割(わ)り勘(かん)〕이라고 해서 각자 내는 것이 일반적이다.
- 別々(べつべつ)に : 따로따로 ・いっしょに : 같이

---

499 오늘은 제가 내겠습니다.

今日は私がおごります。

- 「私(わたし)がごちそうします。」라고 하면 더욱 정중하게 들린다. 보통 사준다라고 할 때 「買(か)ってあげる」(사 줄게)라고 잘못 쓰는 경우가 많은데, 물건을 직접 사서 주는 경우가 아니라 '한턱 내다'는 뜻일 때는 「おごる」를 써야 한다. 「私(わたし)のおごりです。」(제가 사는 거예요.) 「おごってよ。」(사 주라.)

---

500 회사경비로 사는 거예요.

会社の経費で落としますよ。

- 経費(けいひ) : 경비

161 | 같이 계산해 주세요.

501 두 사람, 같이 계산해 주세요.

二人(ふたり)、いっしょに勘定(かんじょう)してください。

- 一緒(いっしょ)に：같이, 함께
- 勘定(かんじょう)する：계산하다

---

502 신용카드로 계산할 수 있어요?

クレジットカードで払(はら)えますか。

- 「カードでいいですか。」라고 해도 좋다. 신용카드로 할 경우, 명세서에 사인을 해야 하는데, 사인을 잘못해서 용지를 다시 달라고 해야 할 때는 뭐라고 하면 좋을까? 이 때는 「すみません。字(じ)を間違(まちが)いました。もう一枚(いちまい)ください。」(죄송하지만, 글자(사인)를 잘못썼거든요. 한 장 더 주세요.)

162 | 맞지 않는데요.

503 계산이 안맞는 것 같은데요.

会計が合っていないようですが。

- 「会計(かいけい)」는 음식점에서 값을 치르는 일, 또는 그 계산을 뜻하는 말로, 「お勘定(かんじょう)」라고도 한다.

---

504 거스름돈이 맞지 않는데요.

おつりが合っていませんが。

- 「おつり」는 거스름돈. 동전은 「小銭(こぜに)」라고 하는데, 계산할 때 '잔돈으로 드려서 죄송해요'라고 할 때는 「こまかいのですみません」처럼 「こまかいの」라는 말을 쓰기도 한다.

---

505 (계산하고 나올 때)매우 맛있었습니다.

とてもおいしかったです。

- 상대방으로부터 대접을 받았을 때(ごちそうしてもらったとき)는 음식을 남기는 것은 실례가 될 수 있으므로, 가능하면 다 먹는 것이 좋겠다 (양도 적게 나오니까).

163 | 괜찮습니다.

506 여기요. 계산 부탁합니다.
すみません。お勘定(かんじょう)お願(ねが)いします。

---

507 네, 600엔 되겠습니다.
はい、600円(えん)になります。

---

508 만엔짜리인데 괜찮습니까?
一万円(いちまんえん)でよろしいですか。

- 「一万円(いちまんえん)」만엔. 우리와 달리 만 엔일 때는 꼭 一万円으로 표현한다는 것 기억하자. 천엔은 千円(せんえん).

---

509 예, 괜찮습니다.
はい、けっこうです。

- '괜찮다'는 흔히 「大丈夫(だいじょうぶ)」를 떠올리는데, 「大丈夫(だいじょうぶ)」는 다친 사람에게 괜찮냐고 물어볼 때, 또는 '상관없다'는 뜻으로 쓰고, 「けっこうです。」는 "좋아요(긍정)", 또는 사양할 때 "괜찮아요, 됐어요"란 뜻으로 쓴다. 또, 부사로 쓸 때는 「けっこう高(たか)い」(제법 비싸다) 처럼 '제법, 꽤'란 뜻도 있다.

164 | 만엔 받았습니다.

510 만엔 받았습니다.

一万円お預かりいたします。
_{いちまんえん} _{あず}

- 「一万円(いちまんえん) お預(あず)かりいたします。」는 "만 엔 받았습니다"라는 뜻으로, 상점 등에서 값을 치를 때 점원에게 흔히 듣게 되는 말이다. 「あずかる」는 원래 '맡다'란 뜻이고, 타동사는 「あずける(맡기다)」 "아이를 옆집에 맡기고 왔어요."는 「子供(こども)をとなりの家(いえ)に預(あず)けて来(き)ました。」.

---

511 9,400엔 거스름돈입니다.

９，４００円のお返しです。
_{きゅうせんよんひゃくえん} _{かえ}

- 返(かえ)す : 되돌리다, 대갚음하다, 갚다. 「借(か)りた本(ほん)をまだ返(かえ)してない。」(빌린 책을 아직 돌려주지 않았다.) 「~円(えん)のお返(かえ)しします。」는 "~엔 거스름돈입니다."란 뜻.

---

512 대단히 감사합니다.

どうもありがとうございました。

- 계산을 마치고 손님이 나갈 때 점원이 하는 말.

165 | 맥주 주세요.

술집 이용하기

513 일단 맥주 주세요.

とりあえずビールをください。

- 「ビル」로 짧게 발음하면 '빌딩(building)'이 되므로 발음에 주의해야 한다.
- **とりあえず**: 일단
- **ビール**: 맥주

---

514 맥주 두 병 주세요.

ビールを二本(にほん)ください。

- 병이나 우산, 담배 처럼 길쭉한 것을 셀 때는 「本(ほん)」을 쓴다.

| ・一本(いっぽん) | ・二本(にほん) | ・三本(さんぼん) |
| ・四本(よんほん) | ・五本(ごほん) | |

---

515 칵테일 있어요?

カクテルはありますか。

- **カクテル**: 칵테일
  최근 일본에서는 한국 소주가 인기인데, 소주를 그대로 마시지 않고 오이나 레몬 즙 등으로 희석하여 부드럽게 마시는 경우가 많다.

166 | 안주 있어요?

술집 이용하기

516 안주 있어요?

おつまみはありますか。

- 술안주를 뜻하는 말은 「つまみ」와 「おさかな」가 있는데, 「おつまみ」는 주로 손으로 집어먹는(つまむ) 마른안주를, 「さかな」는 안주로 요리를 가리킨다. 하지만, 보통 '안주'라고 할 때는 「おつまみ」라고 한다.

---

517 물을 탄 위스키를 드시겠습니까?

水割(みずわ)りでいいですか。

- 「水割(みずわ)り」는 물을 탄 위스키(물과 위스키가 따로 나오기도 함), 「ストレート」는 스트레이트, 「オンザロック」는 온더락(얼음에 위스키를 넣은 것).

---

518 맥주 한 병 더 주세요.

ビールをもう一本(いっぽん)ください。

> ▶ 젊은이들이 자주 가는 곳 이자카야(居酒屋)
> 이자카야는 생맥주, 와인, 레몬츄ー하이(チューハイ:레몬소주) 등 다양한 술을 저렴하게 즐길 수 있고, 간단한 식사도 할 수 있다. 또, 가라오케가 가능한 곳도 있으므로, 술도 마시고, 식사도 하고, 노래도 부를 수 있어 큰 부담없이 이용할 수 있다. 일본의 술문화가 우리와 다른 것은 첨잔이 가능하다는 것이다. 따라서 일본 사람과 술을 마실 때는 술잔이 비기 전에 채워주는 것이 매너이다. 또, 잔을 돌리는 것은 무서워(?)하므로, 억지로 잔을 돌리거나 원샷(いっき)을 강요하는 일은 하지 않도록 하자.

167 음료수는 어떠세요?

패스트푸드점에서

519 햄버거 두 개하고 포테이토 하나 주세요.

ハンバーガー二つ(ふた)とフライドポテト一つ(ひと)ください。

- 물가 비싸기로 유명한 도쿄지만, 패스트푸드점이라면 비교적 적은 돈으로 실컷 먹을 수 있다. 단, 메뉴를 일본식 외래어로 발음해야 한다. 햄버거는 함바-가(ハンバーガー), 콜라는 코-라(コーラ), 커피는 코-히-(コーヒー)라고 발음해야 한다.

520 음료수는 어떠세요? (음료수도 하시겠습니까?)

お飲(の)み物(もの)はいかがですか。

521 콜라 주세요.

コーラをください。

522 2층에도 자리가 있습니다.

2階(にかい)にもお席(せき)がございます。

- 「ございます」는 「あります」의 겸양어.

168 | 가져갈 겁니다.

패스트푸드점에서

523 여기서 드실 겁니까? 가져가실 겁니까?

ここでお召し上がりですか、お持ち帰りですか。

○ 패스트푸드점에서 흔히 들을 수 있는 표현이다. 「持(も)ち帰(かえ)り」는 「持(も)ち帰(かえ)る」의 명사형. 「お + 동사ます형 + ですか」의 형태로 정중한 의문문을 나타낸다. 참고로 흔히 스낵(snack)이라고 하면 간식류나 과자를 떠올리지만, 일본에서 스나꾸(スナック)는 snack bar의 준말로, '술집'을 뜻하기도 한다.

---

524 여기서 먹을 겁니다.

ここで食べます。

---

525 가져 갈 겁니다.

持って帰ります。

○ 질문은 「お持(も)ち帰(かえ)りですか。」하고 정중하게 묻지만, 대답할 때는 「お」를 떼고 대답하면 된다.

169 | 어디에 있어요?

526 이 근처에 쇼핑센터가 있습니까?

この近(ちか)くにショピングセンターはありますか。

- 近(ちか)く : 근처, 가까운 곳
- 遠(とお)く : 먼 곳, 멀리

---

527 가장 가까운 백화점은 어디에 있습니까?

一番近(いちばんちか)いデパートはどこにありますか。

- 一番(いちばん) : 가장, 제일
- 近(ちか)い : 가까운, 가깝다
- デパート : 백화점

---

528 면세점은 어디에 있습니까?

免税店(めんぜいてん)はどこにありますか。

- 免税店(めんぜいてん) : 면세점

170 | 어디서 살 수 있어요?

529 필름은 어디서 살 수 있습니까?

フィルムはどこで買(か)えますか。

- フィルム는 영어 film(필름)의 일본식 발음이다. フィルム대신 자신이 원하는 물건명을 넣어 말해 보자.
- 買(か)える : 살 수 있다 (買う의 가능 동사)

---

530 여기에서 멉니까?

ここから遠(とお)いですか。

- 遠(とお)い : 멀다

---

531 아뇨, 바로 옆입니다.

いいえ、すぐとなりです。

- すぐ : 바로
- となり : 옆, 이웃, 옆집

171 | 어떻게 가면 되죠?

532 여기에 가고 싶은데요…. (메모 등을 보여주며)

ここに行きたいんですが。

---

533 어떻게 가면 좋습니까?

どうやって行ったらいいですか。

- どうやって : 어떻게, 어떻게 해서
- 行ったら : 가면 (~たら : ~면)

---

534 바겐세일은 언제까지입니까?

バーゲンセールはいつまでですか。

- バーゲンセール : 바겐세일

---

535 그 백화점은 몇 시까지 합니까?

そのデパートは何時までやっていますか。

172 | 몇 시까지입니까?

536 실례지만, 시계 매장은 몇 층입니까?

すみませんが、時計売り場は何階ですか。

- 時計(とけい): 시계
- 売(う)り場(ば): 매장
- 何階(なんがい): 몇 층

---

537 실례지만, 엘리베이터는 어디에 있습니까?

すみませんが、エレベーターはどこですか。

- エレベーター: 엘리베이터

---

538 영업시간은 몇 시까지입니까?

営業時間は何時までですか。

- 営業時間(えいぎょうじかん): 영업시간

173 | 20% 할인됩니다.

539 바겐 품목에 한해 반품되지 않습니다.

最終品(さいしゅうひん)につき、返品(へんぴん)をおことわりします。

- 「最終品(さいしゅうひん)」은 「セール用品(ようひん)」 또는 「セール品(ひん)」이라고도 한다.
- ことわる : 거절하다, 사양하다
- 返品(へんぴん) : 반품
- %(パーセント) : 퍼센트

---

540 20% 할인됩니다.

20%引(び)きです。

- 「引(ひ)き」는 '할인'이라는 뜻으로 「割引(わりび)き」라고도 한다. 20% 할인은 달리 「2割(にわり)びき」라고도 할 수 있다. 가격표에 흔히 「税込み(ぜいこみ)」라는 말이 붙어 있는 경우가 있는데, 이것은 '부가세포함'이란 뜻이다. 모든 물건에 부가세가 다 붙기 때문에 1엔, 5엔짜리도 많이 쓰이고 있다.

174 | 그냥 좀 보는 거예요.

541 어서 오십시오.

いらっしゃいませ。

- 「いらっしゃいませ。」는 상점이나 음식점에 들어갈 때 점원이 하는 인사말이고, 보통 집에서 '어서오세요'라고 할 때는 「いらっしゃい。」라고 한다.

---

542 뭔가 찾으시는 물건이 있습니까?

何(なに)かお探(さが)しでしょうか。

---

543 아뇨, 그냥 좀 보는 거예요.

いいえ、ちょっと見(み)てるだけです。

- 「見(み)てる」는 「見(み)ている」의 준말로, 회화체에서는 이렇게 「い」를 생략해서 쓰는 경우가 많다.
- 〜だけ : 〜뿐

175 | 면도기를 찾고 있는데요.

544 손수건을 찾고 있습니다.

ハンカチを探(さが)してます。

- 좀더 간단하게 「あのー、ハンカチはありますか。」(저어, 손수건 있습니까?)라고 해도 된다.
- ハンカチ : 손수건

---

545 저어, 면도기를 찾고 있는데요….

あの、かみそりを探(さが)しているんですが…。

- あの : 저, 저어
- かみそり : 면도기

---

546 스킨(로션) 있어요?

化粧水(けしょうすい)はありますか。

- 化粧水(けしょうすい) : 화장수, 스킨로션

176 | 유행하는 디자인

547 어떤 디자인이 유행하고 있습니까?

　どんなデザインがはやりですか。

- ○ 「はやりですか。」는 "유행합니까? 유행하고 있습니까?"란 뜻으로는 「はやってますか。」라고 해도 좋다.
- ・デザイン : 디자인, design
- ・はやり : 유행

---

548 그것은 신상품입니까?

　それは新商品ですか。

- ○ '신제품'은 「新製品(しんせいひん)」이라고 한다.

---

549 같은 것으로 좀 더 밝은 색은 없습니까?

　同じので、もう少し明るい色はありませんか。

- ・あか : 빨강
- ・あお : 파랑
- ・きいろ : 노랑
- ・みどり : 녹색
- ・くろ : 검정
- ・しろ : 흰색

177 | 다른 색도 보여 주세요.

550 다른 색도 보여 주세요.

他の色も見せてください。

- 점원이 "다른 색도 보여 드릴까요?"할 때는 「他(ほか)の色(いろ)もお見(み)せしましょうか。」라고 한다.
- 他(ほか)の:다른
- 見(み)せる:보여주다

551 좀 더 큰 것은 없습니까?

もう少し大きいのはありませんか。

- 大(おおきい):(크기가) 크다 ↔ 小(ちい)さい:작다
- 多(おお)い:많다 ↔ 少(すく)ない:적다

552 이것은 세일 품목 입니까?

これはセール対象品ですか。

- セール対象品(たいしょうひん):세일 품목, 세일 대상품

178 | 비싸네요.

553 이것은 얼마입니까? (가격을 흥정할 때)

これはいくらですか。

- 「いくらですか。」는 값을 물을 때 가장 많이 쓰는 말이다.

---

554 비싸네요.

高(たか)いですね。

- '좀 비싸군요'는 「ちょっと高いですね。」라고 하면 된다.

---

555 좀 더 싸게 안돼요?

もう少(すこ)し安(やす)くなりませんか。

- 간혹 「勉強(べんきょう)します。」라는 말을 들을 수도 있는데, 이 말은 "공부합니다."가 아니라 "싸게 드립니다."라는 뜻이다! 일본의 경우 정찰제가 일반적이지만 전자상가 같은 곳에서는 가격을 깎아주기도 한다.

179 이걸로 주세요.

556 이걸로 주십시오.

これをください。

- これ : 이것
- ～を : ～을, ～를
- ください : 주십시오, 주세요

---

557 이 쿠폰은 쓸 수 있습니까?

このクーポン券(けん)は使(つか)えますか。

- 「クーポン券(けん)」은 우리가 흔히 말하는 '쿠폰'과 같은 것으로, 사용법도 비슷하다.
- 使(つか)える : 쓸 수 있다

---

558 그것으로 하겠습니다.

それにします。

- ～にする : ～로 하다

180 | 조금 더 생각해보고 하겠습니다.

559 조금 더 생각해보고 하겠습니다.

もう少し考えてからにします。

- 싼 물건을 살 경우는 괜찮지만 역시 가격이 비싼 물건을 살 때는 이렇게 말하고 신중히 결정을 해야 할 것이다.
- ・～てからにします : ～하고 나서 결정하겠습니다 → ～하고 나서 하겠습니다

---

560 죄송합니다. (다음에) 또 오겠습니다.

すみません。また来ます。

- "잘 봤습니다." 라는 뜻으로, 「どうも」 하고 말하기도 한다.

---

561 죄송합니다. 다음에 사겠습니다.

すみません。次回にします。

- 「次回(じかい)にします。」는 "다음에 할게요."란 뜻이니까 다음에 사겠다는 뜻이다. 이렇게 말했다고 해서 다음에 꼭 사야된다는 건 아니니깐, 완곡한 사양이 되는 셈이다.

181 | 전부 얼마예요?

562 전부 해서 얼마입니까?

全部でいくらになりますか。

- 「いくらになりますか」는 '얼마입니까?'라는 뜻으로, 「いくらですか」와 바꿔 쓸 수 있다.
- 全部(ぜんぶ)で : 모두 합쳐서

---

563 지불은 어떻게 하시겠습니까?

お支払い方法はどうなさいますか。

- お支払(しはら)い方法(ほうほう) : 지불 방법
- なさいますか : 하시겠습니까?

---

564 카드로 부탁합니다 (지불하겠습니다).

クレジットカードでお願いします。

- 현금으로 낼 때는 「現金(げんきん)で払(はら)います。」 또는 「キャッシュで払(はら)います。」라고 한다.

182 | 카드로 계산할 때

565 전부 해서 32,500엔 되겠습니다.

全部で3万2千5百円になります。

---

566 카드도 돼요?

クレジットカードでもいいですか。

---

567 예, 괜찮습니다.

はい、けっこうです。

---

568 여권을 보여 주시겠습니까?

パスポートを見せていただけますか。

---

569 예.

はい。

---

570 여기에 싸인을 부탁드립니다. (사인을 한다.)

ここにサインをお願いします。

---

571 예, 대단히 감사합니다.

はい、どうもありがとうございました。

183 | 포장됩니까?

572 포장 됩니까?

つつんでもらえますか。

・つつむ : 싸다, 포장하다

---

573 예. 하지만, 추가요금이 드는데요.

はい。しかし追加料金(ついかりょうきん)になりますが。

---

574 선물이니까 포장해 주세요.

プレゼントなのでつつんでください。

- 포장을 원하지 않을 때는「いいえ、けっこうです。」(아뇨, 됐어요.)라고 말한다. "죄송하지만, 따로따로 쇼핑백에 넣어 주세요."는「すみませんが、べつべつに ふくろに 入(い)れてください。」.
- べつべつに : 따로 따로
- ふくろ : 원래 자루, 주머니, 봉투라는 뜻인데, 쇼핑백이란 뜻으로도 쓰인다.

184 | 요금이 얼마예요?

575 요금이 얼마예요?(물건을 사면서 포장을 부탁할 때)

料金はいくらですか。

> ○ "포장지에 따라 다릅니다만, 100엔짜리와 200엔짜리가 있습니다."는
> 「包装紙(ほうそうし)に よりますが 100円(ひゃくえん)のと 200円(にひゃくえん)のが あります。」 '~짜리'에 해당하는 말은 「~の」이다.
> ・包装紙(ほうそうし): 포장지
> ・100円(ひゃくえん)の: 100엔짜리

576 100엔짜리로 부탁합니다.

100円のでお願いします。

577 예, 잠시만 기다려 주십시오.

はい、少々お待ちください。

578 기다리시게 해서 죄송합니다. (여기 다 되었습니다.)

お待たせしました。

185 | 반품 됩니까?

집에서나 바깥에서나 식사할 때는

579 이거, 반품되나요?

これ、返品(へんぴん)できますか。

○ "이거, 반품하고 싶은데요."는 「これを返品(へんぴん)したいんですが。」

---

580 언제 구입하셨죠?

いつ、お買(か)いになりましたか。

・お買(か)いになる : 구입하시다. 「お + ます형 + になる」 형태로 '~하시다' 란 뜻을 나타낸다.

---

581 조금 아까 샀어요.

さっき買(か)ったばかりです。

○ 「~た ばかり」는 '~한지 얼마 되지 않았다, 즉 조금 전에 막 샀다'는 뜻이다. "지금 막 샀어요"는 「たった今(いま) 買(か)ったばかりです。」교환을 하고 싶을 때는 「交換(こうかん)できますか。」라고 하면 된다. 交換(こうかん)する는 교환하다. = 取(と)り換(か)える

186 흠이 나있는데요.

집에서나 밖에서나 식사할 때는

582 이거, 흠이 나 있는데요.

これ、傷(きず)がついてるんですが。

- 흔히 옷에 흠이 나있는 것을 '기스가 났다'고 하는데, 이 '기스'는 「きず」에서 온 말이다. 상자가 파손되거나 망가진 경우에는 いたむ라고 한다.
- 傷(きず)がつく : 흠이 나다, 상처가 나다

---

583 환불해 주셨으면 하는데요.

払(はら)いもどしてほしいんですが。

- 물건 잘 만들기로 유명한 일본이지만, 혹 흠이 있어, 바꾸거나 환불할 일이 전혀 없는 것은 아닐게다. 일본에서 흔히 카메라나 워드프로세서 등을 사오는 경우가 있는데, 전자제품을 살 때는 반드시 품질보증서와 한국의 AS센터를 확인해두는 것이 좋다. 이 때 쓸 수 있는 말. "AS는 어디서 받을 수 있나요?" 「アフターサービスはどこでやってもらえますか。」
- 払(はら)いもどす : 환불하다
- 〜てほしい : 〜해 줬으면 좋겠다

187 | 입어봐도 돼요?

쇼핑하기

584 입어 봐도 돼요?(옷을 구입할 때)

試着してみてもいいですか。

- 「試着(しちゃく)」란 단어가 좀 생소하겠지만, '옷을 입어보다'란 뜻이다. 그래서 탈의실이나 갱의실을 일본어로는 「試着室(しちゃくしつ)」라고 한다.
- ～てみてもいい:～해봐도 좋다

---

585 입어 봐도 괜찮죠?

着てみてもいいですか。

- 가장 간단하게 입다(着る)란 단어를 이용하여 이렇게 표현해도 된다. 신발을 살 때는 「はいてみてもいいですか。」(신어봐도 되나요?).

---

586 입어 보는 곳은 어디예요?

試着室はどこですか。

- 「試着室(しちゃくしつ)」는 영어로 「フィッティングルーム(Fitting room)」라고도 한다.

188 | 딱 좋습니다.

587 딱 좋습니다.

ちょうどいいです。

- 좀 더 크거나 작은 것을 원할 때는 「もう少(すこ)し 大(おお)きいの / 小(ちい)さいの ありますか。」 딱 맞다고 할 때 「ぴったり」란 말도 자주 쓴다.

588 소매가 너무 길어요.

そでがながすぎます。

- 「そで」는 소매를 말한다. 흔히 소매없는 옷을 소데나시(そでなし 소매 없음)라고 하는데 이건 일본말이다.
- **ながすぎる** : 너무 길다 (「長(なが)い」에 「すぎる」가 붙은 복합어)

589 치마 길이가 좀 짧은 것 같은데요.

スカートのたけがちょっと短(みじ)かいようですが。

- **たけ** : 길이, 기장

189 | 보여 주세요.

쇼핑하기

590 어서 오십시오. 무엇을 찾으십니까?(귀금속 및 시계를 살 때)

いらっしゃいませ。なにをお探(さが)しですか。

---

591 그것을 보여 주세요.

それを見(み)せてください。

---

592 이거, 진짜예요?

これ、本物(ほんもの)ですか。

・本物(ほんもの) : 진짜. '가짜'는 「にせもの」.

---

593 이 반지는 14K인가요?

このゆびわは１４金(じゅうよんきん)ですか。

◎ 순금은「純金(じゅんきん)」, 18K는「18金(じゅうはちきん)」
・ゆびわ : 반지
・イヤリング : 귀걸이

190 | 스킨이 필요한데요.

594 스킨이 필요합니다만….(화장품 가게에서)

化粧水がほしいんですが…。

- 우리가 흔히 말하는 '스킨(로션)'을 일본어로는 「化粧水(けしょうすい)」라고 한다. 한편 일본어로 「スキン」이라고 하면 '콘돔'의 뜻이 되므로 주의!

---

595 건성 피부용 스킨 있습니까?

しっとり用化粧水はありますか。

- '건성피부'는 乾性(かんせい)はだ, '지성피부'는 脂性(しせい)はだ라고 한다.
- 건성피부 : 乾(かわ)きやすい肌(はだ) → しっとり用(よう) (건성용)
- 지성피부 : 脂(あぶら)っぽい肌(はだ) → さっぱり用(よう) (지성용)

---

596 민감성 피부인데 괜찮습니까?

敏感はだなのですが、大丈夫ですか。

191 : 어떻게 사용합니까?

597 이 크림은 어떻게 사용합니까? (화장품 가게에서)

このクリームはどのように使いますか。

- クリーム : 크림, cream

---

598 좀 더 밝은 색상의 파운데이션이 있습니까?

もう少し明るい色のファンデーションはありますか。

- ファンデーション : 화운데이션

---

599 갈색 계통의 립스틱을 보여 주십시오.

ブラウン系のくちべにを見せてください。

- (화장품 가게에서) 이거, 발라 봐도 됩니까?"라고 물을 때는「これつけてみてもいいですか。」하면 된다.
- レッド系(けい) : 붉은색 계열
- ピンク係(けい) : 핑크색 계열

192 | 위장약 있습니까?

600 이 처방전의 약을 주십시오. (약국에서)

この処方箋の薬をください。

- 処方箋(しょほうせん) : 처방전
- 薬(くすり) : 약

---

601 위장약 있습니까?

胃薬はありますか。

- 胃薬(いぐすり) : 위장약
- アスピリン : 아스피린
- かゆみ止(ど)め : 가려운 데 바르는 약

---

602 알레르기 체질입니다.

アレルギー体質です。

- 간단한 약은 「薬」이란 간판이 걸려 있는 곳에 가면 되는데, 화장품 등을 팔고 있는 곳도 있어, 약국의 느낌보다는 잡화점에 가깝다.

---

603 이 약의 복용법을 알려 주십시오.

この薬の飲み方を教えてください。

- 1일 3회, 식후에 1정씩 복용하십시오.
  1日(いちにち)3回(さんかい)食後(しょくご)に1錠(いちじょう)ずつ飲(の)んでください。

193 | CD를 사고 싶은데요.

604 최신곡 CD를 사려고 합니다만….(기타 물건을 살 때)

<ruby>最新<rt>さいしんきょく</rt></ruby> 曲のCDがほしいんですが。

- 「〜が ほしい」는 직역하면 '〜을 원하다 / 갖고 싶다'로, 상점 등에서 물건을 살 때 '〜을 사려고 합니다만'의 뜻으로도 많이 쓴다.

---

605 뭔가 추천할 만한 것이 있습니까?

<ruby>何<rt>なに</rt></ruby>かおすすめはありますか。

---

606 이 카메라의 전지가 필요합니다만….

このカメラの<ruby>電池<rt>でんち</rt></ruby>がほしいんですが…。

- 電池(でんち) : 전지, 건전지 「電池(でんち)」는 「乾電池(かんでんち)」라고도 한다.

---

607 우표 있습니까?

<ruby>切手<rt>きって</rt></ruby>はありますか。

- 切手(きって) : 우표

194 | 지도 있습니까?

608 시내 지도는 있습니까? (관광안내소에서)

街の地図はありますか。

- 地図(ちず) : 지도
- 街(まち) : 시내, 거리, 도시

---

609 관광안내소는 어디에 있습니까?

観光案内所はどこにありますか。

○ 「案内所(あんないしょ)」는 「観光(かんこう)インフォメーション」이라고도 한다.

---

610 이 도시의 가 볼만한 곳을 가르쳐 주십시오.

この街の見どころを教えてください。

- 見(み)どころ : 볼만한 곳

195 시내를 관망할 수 있는 곳

611 시내를 관망할 수 있는 곳이 있습니까?

市内を見渡せる場所はありますか。

- 「見渡(みわた)せる」는 「見渡(みわた)す」의 가능 동사로, '관망할 수 있는', '내다볼 수 있는'의 뜻을 나타낸다.
- 場所(ばしょ) : 장소, 곳

---

612 택시로 관광하고 싶습니다만….

タクシーで観光したいんですが…。

- 일본의 교통요금, 특히 택시 요금은 매우 비싸기 때문에, 사실 일본에서 택시로 여행을 한다는 것은 꽤 무리일 것이다. 관광객을 위한 하토바스나 지하철을 이용하는 것이 경제적이다.
- タクシー : 택시, taxi

---

613 하루에 얼마입니까?

一日いくらですか。

196 | 학생 한 장 주세요.

614 입장료는 얼마입니까? (관광지에서)

入場料はいくらですか。
にゅうじょうりょう

- 보통은 매표소 앞에 표시된 요금을 보고 계산하면 되는데, 20명 이상인 경우에는 단체할인혜택을 받을 수 있는 곳도 있다.
- 入場料(にゅうじょうりょう) : 입장료

---

615 할인 됩니까?

割り引きはありますか。
わ び

- "할인됩니까?"의 뜻으로 「割(わ)り引(び)きできますか。」라고 해도 OK!

---

616 학생 1장 주세요.

学生 1枚ください。
がくせい いちまい

- "어른 두 장 주세요."는 「大人(おとな)2枚(にまい)ください。」라고 하면 된다.

197 | 몇 시까지 엽니까?

617 몇 시까지 엽니까? (관광지에서)

何時(なんじ)まで開(あ)いていますか。

- ~まで : ~까지
- 開(あ)く : 열다 (영업을 하고 있다는 뜻)

---

618 짐 좀 맡아 주시겠습니까?

荷物(にもつ)を預(あず)かっていただけますか。

- 「~て いただけますか」는 '~해 주시겠습니까?'의 뜻으로 매우 정중한 의뢰표현이다.
- 荷物(にもつ) : 짐, 물건
- 預(あず)かる : 맡다, 보관하다

---

619 코인 락커는 어디에 있습니까?

コインロッカーはどこにありますか。

198 사진을 찍어도 됩니까?

620 여기서 사진을 찍어도 됩니까?(사진을 찍을 때)

ここで写真(しゃしん)をとってもいいですか。

---

621 죄송하지만, 사진을 좀 찍어 주시겠습니까?

すみませんが、写真(しゃしん)をとっていただけますか。

○ 사진기를 들어 보이면서 「すみませんが、ちょっとお願(ねが)いしてもいいですか。」라고 하면 좀더 자연스러운 대화가 된다. 그런데, 카메라를 들이대고 "자 찍습니다."라고 하려면 뭐라고 해야 할까? 이때는 「さあ、いきますよ。」라고 한다. 직역하면 '자아, 갑니다'지만, 사진을 찍을 때도 쓰는 말이므로 잘 기억해두었다가 활용해보자. 또 우리는 '김~치'하고 찍는데 일본에서는 「はい、チーズ。」하고 찍는다.

---

622 이 박물관의 팜플렛은 있습니까?

この博物館(はくぶつかん)のパンフレットはありますか。

○ 대부분의 박물관에는 팜플렛이 놓여 있으나, 최근에는 환경 오염 관계로 비치하지 않는 곳도 있으므로 안내원에게 문의하도록 하자. 유료인지, 무료인지 확인할 때는 「有料(ゆうりょう)ですか。」하고 물어보면 된다.

199 | 누르기만 하면 됩니다.

623 여기를 누르기만 하면 됩니다.(사진을 찍을 때)

ここを押(お)すだけです。

- 押(お)す:누르다

624 한 장 더 부탁합니다.

もう一枚(いちまい)お願(ねが)いします。

◎ 한번 더 찍어달라는 뜻이다.

625 같이 사진 찍지 않겠습니까?

一緒(いっしょ)に写真(しゃしん)をとりませんか。

◎ 여행지에서 마음에 드는 사람을 만났다면 해 볼 수 있는 표현들이다. 대개는 상대방이 당황해 하겠지만…. 만약 사진을 보내고 싶다면「写真(しゃしん)を送(おく)りたいんですが、住所(じゅうしょ)を書(か)いていただけますか。」(사진을 보내고 싶은데요, 주소를 적어 주시겠습니까?)라고 하면 된다.

200 | 걸어서 갈 수 있습니까?

626 죄송하지만, 역으로 가는 길을 가르쳐 주십시오. (길을 물어볼 때)

すみませんが、駅(えき)へ行(い)く道(みち)を教(おし)えてください。

・駅(えき) : 역

---

627 걸어서 갈 수 있습니까?

歩(ある)いて行(い)けますか。

○ 「どう行(い)けばいいですか。」(어떻게 가면 됩니까?)도 유용한 표현이므로 외워 두자.

---

628 뭔가 표시가 될 만한 것이 있습니까?

何(なに)か目印(めじるし)はありますか。

・目印(めじるし) : 표지, 표식이 될만한 것.

201 한국어를 할 수 있는 가이드

629 한국어를 할 수 있는 가이드는 있습니까?(가이드가 필요할 때)

韓国語を話せるガイドさんはいますか。

- 일본 사람들은 '가이드'나 '운전사'를 말할 때 보통 뒤에 「~さん」(~님)을 붙인다.
- ガイド(さん): 가이드

---

630 어떤 관광이 인기가 있습니까?

どんなツアーが人気がありますか。

- 「人気(にんき)がありますか。」대신 「人気ですか。」라고 해도 좋다. 「ツアー」는 보통 단체여행상품을 말한다.

---

631 예약을 하는 게 좋습니까?

予約をしたほうがいいですか。

- ~たほうがいい: 하는 편이 좋다

202 | 중식포함인가요?

632 티켓은 어디서 살 수 있습니까?(투어내용을 물어볼 때)

チケットはどこで買(か)えますか。

- **チケット**는 영어 ticket의 일본식 발음이다.
- 買(か)えますか:살 수 있습니까?(買える는 買う의 가능동사)

---

633 그 투어는 점심 식사가 포함되어 있습니까?

それはランチ付(つ)きですか。

---

634 몇 시에 어디서 출발합니까?

何時(なんじ)にどこから出発(しゅっぱつ)しますか。

---

635 몇 시쯤 호텔로 돌아옵니까?

何時(なんじ)ごろホテルに戻(もど)ってきますか。

- 戻(もど)ってくる:돌아오다

203 | 매우 즐거웠습니다.

636 앞으로 어느 정도 후에 도착합니까? (관광을 끝내고)

あとどのくらいで着きますか。

○ 「着(つ)く」는 '도착하다'는 뜻의 동사. 한편 '물건이 도착하다, 당도하다'라고 할 때는 「とどく(届く)」라는 말을 쓴다.

637 서울 호텔에서 하차할 수 있습니까?

ソウルホテルで下車できますか。

・下車(げしゃ) : 하차

638 고마워요. 매우 즐거웠습니다.

ありがとう。とても楽しかったです。

639 그럼, 내일 아침 로비에 다 모여 주세요.

じゃ、あしたの朝、ロビーに集まってください。

・ロビー : 로비
・集(あつ)まる : 모이다

204 | 콘서트에 가고 싶은데요.

640 시내의 이벤트 정보지는 있습니까? (콘서트나 공연장에 가고 싶을 때)

市内のイベント情報誌はありますか。

641 록 콘서트에 가고 싶은데요….

ロックコンサートに行きたいんですが…。

642 오늘이나 내일 밤에 볼만한 콘서트가 있나요?

今日か明日の晩、何かコンサートはありますか。

643 영화를 보고 싶은데요….

映画が見たいんですが…。

644 영화는 몇 시부터 상영됩니까?

映画は何時から上映されますか。

・上映(じょうえい)される : 상영되다

205 | 티켓을 구할 수 있을까요?

공연, 스포츠 즐기기

645 티켓 구입은 가능합니까? (티켓을 구할 때)

チケットの購入はできますか。

- **チケット**는 영어 ticket의 일본식 발음이다.
- 購入(こうにゅう) : 구입

646 아직 티켓을 구할 수 있을까요?

まだチケットは手に入りますか。

- 手(て)に入(はい)る : 손에 들어오다, 구하다

647 언제라면 있죠?

いつならありますか。

648 가장 싼(비싼) 좌석은 얼마입니까?

いちばん安い(高い)席はいくらですか。

- 席(せき) : 자리, 좌석

206 오늘 시합이 있습니까?

649 프로야구를 보고 싶은데요….

プロ野球が見たいのですが。

○ 「プロ」는 영어 professional의 일본식 표현이다. 아마츄어는 「アマチュア」(amateur).

---

650 오늘 시합이 있어요?

今日、試合がありますか。

・試合(しあい) : 시합

---

651 어디에서 합니까? / 어디서 (경기가)있죠?

どこでありますか。

---

652 예약은 벌써 했는데요….

予約はもうすませましたが…。

・すませる : 끝내다, 마치다

207 | 스키장 지도를 주세요.

653 초보자용 스키장은 있습니까?(스키장에서)

初心者(しょしんしゃ)のゲレンデはありますか。

- 「ゲレンデ」는 독일어 'gelende'의 일본식 발음으로, '스키장', '스키 연습장'을 뜻한다.
- 初心者(しょしんしゃ) : 초심자, 초보자

---

654 스키장 지도를 주십시오.

ゲレンデマップをください。

---

655 리프트 타는 곳은 어디입니까?

リフト乗(の)り場(ば)はどこですか。

---

656 리프트 회수권은 어디서 살 수 있습니까?

リフトの回数券(かいすうけん)はどこで買(か)えますか。

- 回数券(かいすうけん) : 회수권
- 買(か)える : 살 수 있다

208 | 몇 시에 멈춥니까?

공연, 스포츠 즐기기

657 스키를 빌리고 싶습니다만….(스키장에서)

スキーを借りたいんですが…。

658 160cm 짜리 스키를 빌려 주십시오.

160センチのスキーを貸してください。

659 8인치 짜리 구두를 빌려 주십시오.

8インチの靴を貸してください。

660 보증금은 얼마입니까?

保証金はいくらですか。

661 이 리프트는 몇 시에 멈춥니까? (몇 시까지 탈 수 있습니까?)

このリフトは何時までですか。

209 | 테니스 코트 있어요?

공연, 스포츠 즐기기

662 골프채를 빌리고 싶습니다만….

クラブを借(か)りたいんですが…。

- 「**クラブ**」에는 '골프채'의 뜻 외에 '클럽(모임)' '고급 술집' 등의 뜻도 있다.

---

663 이 호텔에 테니스 코트는 있습니까?

このホテルにテニスコートはありますか。

---

664 (테니스) 코트를 빌리고 싶습니다만….

コートを借(か)りたいんですが…。

- 借(か)りる : 빌리다
- 貸(か)す : 빌려주다

210 | 한 시간에 얼마죠?

665 한 시간에 얼마죠?

1時間いくらですか。

---

666 이 근처에 나이트클럽이 있습니까?

この近くにナイトクラブはありますか。

・ナイトクラブ : 나이트클럽

---

667 가장 큰 디스코텍을 가르쳐 주십시오.

一番大きいディスコを教えてください。

◎ ディスコ(disco)는 'discotheque'의 줄임말로, '디스코텍'을 뜻한다.

211 | 짐이 보이지 않습니다.

668 제 짐이 보이지 않습니다.

私の荷物が見つかりません。

○ 「荷物(にもつ)がなくなってしまいました。」(짐이 없어졌어요.)라고도 할 수 있다.
・荷物(にもつ): 짐, 물건

---

669 수하물 보관증은 있습니까?

預かり証はありますか。

・預(あず)かり証(しょう): 보관증

---

670 예, 있습니다.

はい、あります。

○ 「はい、あります。」(예, 있습니다.) 대신 「はい、持(も)っています。」(예, 가지고 있습니다.)라고 해도 좋다. 없으면 「いいえ、ありません。」(아니오, 없어요.).

212 | 여기로 연락해 주십시오.

671 여기에 가방이 없었어요?

ここにバックがありませんでしたか。

○ "여기 있던 가방 못보셨어요?"도 이렇게 말하면 된다.

---

672 유실물 센터는 어디입니까?

忘れ物センターはどこですか。

---

673 짐을 찾으면 어디로 연락하면 됩니까?

荷物が見つかったら、どこへ連絡したらいいですか。

---

674 (연락처를 보여주며) 여기로 연락해 주십시오.

ここに連絡してください。

・荷物(にもつ) : 짐
・連絡(れんらく)する : 연락하다

213 | 경찰에 연락해 주세요.

675 경찰에 연락해 주세요.

警察に連絡してください。

676 어디에서 잃어버렸는지 모르겠어요.

どこでなくしたのかわかりません。

- なくす : 잃어버리다, 없애다

677 차 번호는 기억하고 있지 않나요?

車のナンバーは覚えていませんか。

678 (그게) 전혀 기억이 안나요.

(それが)ぜんぜん覚えていません。

- ぜんぜん : 전혀

214 | 전화해 주십시오.

679 한국대사관에 전화해 주세요.

韓国大使館に電話してください。

- 韓国大使館(かんこくたいしかん) : 한국대사관
- 電話(でんわ)する : 전화하다

---

680 한국대사관은 어디죠?

韓国大使館はどこですか。

---

681 우선 주일한국대사관에 전화하는 게 좋겠습니다.

まず駐日韓国大使館へ電話したほうがいいです。

- まず : 우선
- 주일한국대사관 : 駐日韓国大使館(ちゅうにちかんこくたいしかん)
- 주한일본대사관 : 駐韓日本大使館(ちゅうかんにほんたいしかん)

215 | 도난당했습니다.

682 지갑을 도난당했습니다.

財布を盗まれました。

---

683 백(가방)을 낚아채였습니다.

バックをひったくられました。

・ひったくられる : 낚아채이다

---

684 여기에 두었던 가방이 없어졌습니다.

ここに置いといたバックがなくなりました。

- 「置(お)いといた」는 「置(お)いて おいた。」(놓아 두었다)의 줄임말로, 회화체 표현이다.
- 置(お)く : 놓다, 두다

---

685 신용카드를 도난당했습니다.

クレジットカードを盗まれました。

216 | 재발급해 주시겠어요?

686 지금 바로 카드 지불을 정지시켜 주십시오.(카드를 분실했을 때)

すぐにカードの支払(しはら)い停止(ていし)をお願(ねが)いします。

- すぐに : 즉시, 당장, 바로
- 支払(しはら)い : 지불
- 停止(ていし) : 정지

---

687 재발급해 주시겠어요?

再発行(さいはっこう)していただけませんか。

- ○ 「再発行してもらえませんか。」, 「再発行してくださいませんか。」라고 해도 좋다.
- 再発行(さいはっこう) : 재발행

---

688 재발행하는 데 얼마나 걸립니까?

再発行(さいはっこう)にどれくらいかかりますか。

---

689 비용은요?

費用(ひよう)は？

217 | 도둑이 들었습니다.

690 도둑이야!

どろぼう!

691 제 방에 도둑이 들었습니다.

私(わたし)の部屋(へや)にどろぼうが入(はい)ったんです。

692 경찰을 불러 주십시오.

警察(けいさつ)を呼(よ)んでください。

◎ "파출소에 데려가 주세요"는 「交番(こうばん)に連(つ)れていってください。」라고 하면 된다.
・呼(よ)ぶ:부르다

693 경찰에 신고하고 싶습니다만….

警察(けいさつ)に届(とど)けたいんですが…。

・届(とど)ける:신고하다

218 | 사고를 당했습니다.

694 (교통)사고를 당했습니다.

交通事故にあいました。

○ 여기서「あう」는 '(우연히 어떤 일을) 당하다'라는 뜻을 나타낸다.

---

695 충돌 사고를 당했습니다.

衝突事故にあいました。

---

696 남편(집사람)이 교통사고를 당했습니다.

夫(家内)が交通事故にあいました。

○「夫(おっと)」는 자신의 남편,「家内(かない)」는 자신의 아내를 부르는 말이고, 남의 남편은「ご主人(しゅじん)」, 부인은「おくさん」이라고 부른다.

---

697 차에 치였습니다.

車にひかれました。

219 | 제 잘못이 아닙니다.

698 제 잘못이 아닙니다. (교통사고 확인현장에서)

私の過失ではありません。

- 過失(かしつ) : 과실

---

699 저에게는 책임이 없습니다.

私には責任がありません。

---

700 저는 횡단보도로 걷고 있었습니다.

私は横断歩道を歩いていました。

- 横断歩道(おうだんほどう) : 횡단보도

---

701 저는 제한속도를 지켰습니다.

私は制限速度を守っていました。

- 制限速度(せいげんそくど) : 제한속도
- 守(まも)る : 지키다

220 | 피가 나고 있습니다.

702 피가 나고 있습니다.

出血(しゅっけつ)しています。

- 出血(しゅっけつ)する : 피가 나다, 출혈하다

---

703 걸을 수가 없습니다.

歩(ある)けません。

○ 「歩(ある)ける」는 「歩く」의 가능 동사로, '걸을 수 있다'의 뜻. "움직일 수가 없습니다."는 「動(うご)けません。」.

---

704 도와 주세요. / 살려 주세요.

助(たす)けてください。

○ 도와달라고 할 때 긴급한 상황에서는 뒤의 「ください」를 생략하고 「助(たす)けて!」라고만 해도 된다.

221 | 속이 좋지 않습니다.

705 구급차를 불러 주십시오.

救急車を呼んでください。

- 일본에서도 구급차를 부를 때는 119에 전화한다. 이 때「ひゃくじゅうきゅう」라고 말하지 않고, 우리 처럼 숫자 하나 하나를 읽어서「いちいちきゅう」라고 한다.
- 救急車(きゅうきゅうしゃ):구급차, 앰블런스
- 呼(よ)ぶ:부르다

---

706 속이 좋지 않습니다.

気分が悪いんです。

- 「気分(きぶん)が悪(わる)い。」는 '기분이 나쁘다'가 아니라, '속이 불편하다', '몸상태가 좋지 않다'라는 뜻으로 쓰였다. "토할 것 같아요." 「吐(は)き気(け)がします。」

---

707 현기증이 납니다.

目まいがします。

- 目(め)まいがする:현기증이 나다

5. 다섯번째 장

일본어로 비즈니스하기

222 : 손님이 왔을 때

708 어서 오십시오. (안내데스크에서)

いらっしゃいませ。

- 회사의 안내데스크에서도 이렇게 인사한다. 이어서 용건이 뭐냐고 묻고 싶다면, 「ご用件(ようけん)は何(なん)でしょうか?」라고 묻거나, 그냥 미소띤 얼굴로 상대방을 쳐다보면 무슨 일로 왔는지 상대방이 먼저 말할 것이다.

---

709 영업부의 가토 씨를 뵈러 왔습니다. (뵙고 싶은데요.)

営業部の加藤さんにお目にかかりたいんですが。

---

710 실례지만 약속하셨나요?

失礼ですが、お約束なさっていますでしょうか。

---

711 예, 2시에 만나뵙기로 되어 있는데요.

はい、2時にお会いすることになっていますが。

---

712 (담당자에게 전화를 걸어) 가토 씨, 김민수 씨가 로비에 와 계십니다.

加藤さん、金ミンス様がロビーにお見えです。

- 보통 「さん」이라고 부르지만, 거래처나 손님에 대해서는 「さま」라는 존칭을 쓴다. 「お見(み)えです」는 '보이십니다' 즉, 손님이 오셨다는 얘기.

223 | 손님 안내하기

713 곧 올 테니까요, 잠시만 기다려 주십시오.

すぐ参(まい)りますので、少々(しょうしょう)お待(ま)ちください。

○ 담당자가 올 때까지 잠시 기다리라는 뜻이다. 「来(く)る」대신 겸양어 「参(まい)る」를 쓰고 있다.

---

714 7층으로 올라가시면 됩니다.

7階(ななかい)までお上(あ)がりください。

---

715 제가 안내해 드리겠습니다.

私(わたし)がご案内(あんない)いたします。

○ 「わたくし」라고 하면 더욱 정중하게 들린다. 「案内(あんない)してあげます。」는 정중한 표현이 아니다. 「お/ご~いたします」문형.

---

716 (손으로 가리키며) 엘리베이터는 저쪽에 있습니다.

エレベーターはあちらです。

---

717 이쪽으로 오세요.

どうぞこちらへ。

○ "이쪽으로 따라 오세요." 하고 손님을 안내할 때 쓸 수 있는 표현.

224 | 첫만남 (거래처방문)

718 안녕하세요. 서울무역의 김민수입니다.

はじめまして。ソウル貿易(ぼうえき)の金(キン)ミンスです。

---

719 김민수 씨에 대해서는 말씀 많이 들었습니다.

金(キム)さんのことはかねがねうかがっております。

---

720 만나 뵙고 싶었습니다.

お会(あ)いするのを楽(たの)しみにしていました。

- お会(あ)いする : 만나뵙다 = お目(め)にかかる
- 楽(たの)しみにする : 기대하다, 고대하다

---

721 늦어서 죄송합니다.

遅(おそ)くなってすみません。

❂ 비즈니스에서는 시간약속은 꼭 지키도록 하자. 1분이라도 늦었다면 이렇게 말해야 겠다. 늦게 와서 미안하단 뜻이지만, 팩스나 편지 등 답장이 늦어져서 미안하다고 할 때도 이렇게 쓸 수 있다.

---

722 기다리시게 해서 죄송합니다.

お待(ま)たせしてすみません。

225 | 본격 비즈니스 ①

723 이게 신제품 카탈로그입니다.

これが新商品のカタログです。

724 특히 젊은층에 인기가 있습니다.

特に若い人に人気があります。

725 대기업에도 납품한 실적을 가지고 있습니다.(납품하고 있습니다.)

大手企業にも納品させていただいております。

- 자기쪽의 행동에 대해서는 '하고 있다'는 단순한 표현도 「している」가 아니라 「させていただいている」로 표현하고 있다. 상대쪽에서 그렇게 하라고 해주어서 한다는 뉘앙스로, 겸손한 표현이다. 이 표현이 너무 어려우면 「納品(のうひん)しております」라고 해도 된다.

· 大手企業(おおてきぎょう) : 대기업

726 엄격한 테스트를 거치고 있습니다.

厳しいテストを行っております。

727 무엇보다도 고품질과, 가격 경쟁력이 장점입니다.

何よりも高い品質と値段の競争力がメリットだと思います。

226 본격 비즈니스 ②

728 이건 어떤 물건이죠?

これはどのような品物ですか。

- 品物(しなもの): 물건, 상품

---

729 판매는 어떻습니까?

販売の方はいかがですか。

---

730 꾸준히 성장세를 보이고 있습니다.

安定した伸びを見せております。

- 安定(あんてい)した: 안정된   · 伸(の)び: 신장, 성장세

---

731 소비자의 반응은 어떻습니까?

消費者の反応はどうですか。

- 消費者(しょうひしゃ): 소비자
- 反応(はんのう): 반응

---

732 나온지 얼마 되지 않았지만, 반응이 아주 좋은 편입니다.

出たばかりのものですが、なかなか好評です。

◎ 「新商品(しんしょうひん)ですが」(신제품입니다만) 라고 해도 같은 뜻.

227 | 결정하기 전에

733 음, 잠깐만요.(좀 보구요...)

う～ん、そうですね。

734 잠깐만요. 생각 좀 해보구요.

すみません。もう少し考えさせてください。

735 좀더 검토해보고 연락드리겠습니다.

もう少し検討してからご連絡します。

736 설명 잘 들었습니다. 저희도 적극적으로 검토해 보겠습니다.

ご説明ありがとうございました。私共も前向きに検討させていただきます。

- 前向(まえむ)きに : 전향적으로, 적극적으로, 긍정적으로
- 検討(けんとう)させていただきます : 검토하겠습니다(겸양표현)

737 금주중으로 대답해 드리겠습니다.

今週中にお答えします。

- 내가 '~하겠다(해드리겠다)'는 「お/ご~する」, 상대방이 하는 것은 '~하시다'라고 할 때는 「お/ご~になる」.

228 | 상대방의 의사를 확인할 때

738 몇 가지 여쭤봐도 되겠습니까?

いくつかおうかがいしてもよろしいですか。

---

739 그러니까, 좀 더 시간이 걸린다는 말씀이시군요.

それでは、もう少し時間がかかるということですね。

- '~라는 말씀이죠?'란 뜻으로 「~ということですね」 대신 「~とのことですね」라고도 할 수 있다.

---

740 다시 한번 더 설명드릴까요?

もう一度ご説明しましょうか。

---

741 의문나시는 것이 있으시면 말씀해 주십시오.

ご質問がおありでしたらどうぞ。

---

742 그럼, 계약서를 준비해도 되겠습니까?

それでは、契約書を準備してもよろしいですか。

229 대화를 이끌어가는 한마디

743 그럼, A건에 대해 말씀드리겠습니다.

それでは、Aの件について申しあげます。

- ~について : ~에 대해서, ~에 관해서

---

744 귀사의 책을 한국에서 출판하고 싶습니다만….

御社の本を韓国で出版したいんですが…。

- 「貴社(きしゃ)」라는 말도 있지만, 「御社(おんしゃ)」를 많이 쓴다. 회사이름에 「さん」을 붙여 '소니상', '삼성상'처럼 친근하게 부르기도 한다.

---

745 말씀중에 죄송합니다만….

お話中すみませんが…。

---

746 갑자기 화제가 바뀝니다만…

急に話題が変わりますが…。

- 「急(きゅう)に」는 '급하게(急(いそ)いで)'가 아니라 '갑자기'란 뜻이다.

---

747 그런데, 지난번 팩스로 보내드렸던 기획안은 검토해 보셨습니까?

ところで、この間ファックスでお送りした企画書はご検討いただけたでしょうか。

230 | 계약이 성사되었을 때

748 자, 여기 계약서입니다. (계약서가 되겠습니다.)

はい、こちらの方(ほう)が契約書(けいやくしょ)になります。

749 여기하고, 여기, 사인하시면 됩니다.

ここと、ここ、サインお願(ねが)いします。

750 계약서가 한글로 되어 있는데 괜찮으십니까?

契約書(けいやくしょ)がハングルになっていますが、よろしいですか。

- '괜찮으시다면', '지장 없으시다면'이라고 할 때 「よろしければ」를 많이 쓰는데, 「おさしつかえありませんでしたら」도 쓴다.
- 영문:英文(えいぶん)

751 귀사와 같이 일을 할 수 있게 되어 영광스럽게 생각합니다.

御社(おんしゃ)とご一緒(いっしょ)に仕事(しごと)ができ光栄(こうえい)に思(おも)っております。

752 감사합니다. 기대에 어긋나지 않도록 최선을 다하겠습니다.

恐縮(きょうしゅく)です。ご期待(きたい)にそえるようがんばりたいと思(おも)います。

- 윗말에 대한 대답표현이다. 「恐縮(きょうしゅく)」는 '황송하다' 는 뜻.

231 | 성사되지 않았을 때

753 저희도 좀더 생각해 보겠습니다.

私共(わたくしども)のほうでも考(かんが)えさせていただきます。

---

754 회의를 거쳐 연락을 드리도록 하겠습니다.

会社(かいしゃ)を通(とお)して連絡(れんらく)させていただきます。

- 직역하면 '회사를 통해서' 즉 '윗사람에게 물어보고 나서'의 뜻.

---

755 다음 기회에 다시 뵙게 되기를 바랍니다.

またの機会(きかい)にお会(あ)いできたらと思(おも)います。

- またの機会(きかい)に : 또 다른 기회에, 다음 기회에 ('다음'이라고 하면 「つぎの」만 생각하기 쉬우나, 이런 표현도 알아두자.)
- お会(あ)いできたら : 만나뵐 수 있다면

---

756 시간을 내 주셔서 감사했습니다.

お時間(じかん)をさいていただいてありがとうございました。

- 時間(じかん)をさく : 시간을 쪼개다, 시간을 내다

---

757 다시 한번 검토해 주시지 않겠습니까?

もう一度(いちど)ご検討(けんとう)いただけないでしょうか。

232 | 방문을 마치고 나올 때

758 오늘 바쁘신데 시간 내주셔서 정말 감사합니다.

今日(きょう)はお忙(いそが)しいところお時間(じかん)を取(と)っていただきまして、ありがとうございました。

- お時間(じかん)を取(と)っていただきまして : 시간 내주셔서 = お時間(じかん)をさいていただきまして
- お忙(いそが)しいところ : 바쁘신 가운데, 바쁘신 중에, 바쁘실텐데

---

759 그럼, 다음에 또 뵙겠습니다.

じゃ、またお会(あ)いしましょう。

---

760 (보내는 사람이) 그럼, 살펴 가십시오.

じゃ、お気(き)をつけて。

> "안녕히 가세요." "조심해서 가십시오." "몸 조심하세요." 등의 뜻. 애들끼리 헤어질 때는「さよ(う)なら」라고 말하기도 한다.

---

761 (가는 사람이) 안녕히 계십시오.

失礼(しつれい)します。

> 시간을 뺏어 죄송하다는 의미로, 「おじゃましました。」라고 할 수도 있다. 거래처에서 밖에까지 나와서 배웅을 해줄 때 "이제 그만 들어가세요" 하려면「ここで けっこうです。」(여기까지면 됐습니다.) 라고 한다.

248

233 | 관심이 담긴 표현

762 한국에는 언제 오셨어요?

韓国(かんこく)にはいつ いらっしゃったんですか。

---

763 어제 저녁에 왔습니다.

ゆうべ来(き)ました。

・ゆうべ : 어제 저녁

---

764 한국은 이번이 처음이세요?

韓国(かんこく)は今回(こんかい)初(はじ)めてですか。

---

765 아뇨, 3번째입니다.

いいえ、3回目(かいめ)です。

---

766 자주 오는 편입니다.

しょっちゅう来(き)ますよ。

・しょっちゅう : 자주, 종종 / 時々(ときどき) : 때때로 / たまに : 간혹

---

767 비행기로 오시느라 피곤하시겠군요.

飛行機(ひこうき)でいらっしゃったからお疲(つか)れでしょう。

234 | 찾아온 손님에게

768 일부러 여기까지 찾아와 주셔서 감사합니다.

わざわざこちらまで出向いてくださってありがとうございます。

769 헤매지 않으셨나요?

道に迷いませんでしたか。

770 보내주신 약도가 있어서 바로 찾아올 수 있었습니다.

送ってくださった略図のおかげで迷わず来ることができました。

・迷(まよ)わず : 헤매지 않고 = 迷(まよ)わないで

771 조금 헤매긴 했지만, 어떻게든 잘 찾아왔습니다.

少し迷いましたが、なんとか来ることができました。

772 더우시죠? 시원한 거라도 드시겠어요?

お暑いでしょう。何か冷たいものでもいかがですか。

◎ "추우시죠?"는 그냥 「さむいでしょう。」라고 한다.

235 | 전화 ①

773 여보세요, 여기 한국의 금강기획인데요, 가토 씨 좀 부탁드립니다.

もしもし、こちらは韓国のクムガン企画ですが、加藤さんお願いします。

---

774 네, 잠시만 기다려 주십시오.

はい、少々お待ちください。

---

775 전화바꿨습니다. 가토입니다.

お電話かわりました。加藤です。

---

776 여보세요? 아, 네, 전 금강기획의 이영은이에요.

もしもし？ あっ、わたしはクムガン企画のイーヨンウンと申します。

---

777 아, 네. 안녕하세요? 잘 지내셨어요?

あっ、はい、お元気ですか。お変わりありませんか。

---

778 네, 다름아니라…

はい、ところで…

236 | 전화 ②

779 죄송합니다. 가토 씨는 지금 자리를 비우고 없는데요.

申しわけございません。加藤はただいま席をはずしておりますが。

- 그 회사의 사장이라도 직원이 加藤(かとう)라고 이름만 부르는 것이 일본의 경어법이다. (상대방에 대해 자기쪽을 낮추는 것)

---

780 지금, 다른 전화를 받고 있는데, 잠시 기다리시겠습니까?

ただ今、他の電話に出ておりますが、少々お待ちいただけますか。

- 「電話(でんわ)に出(で)る。」는 "전화를 받다." "아무도 전화를 안받는다."는 「だれも電話(でんわ)に出(で)ない。」.

---

781 예, 기다리겠습니다.

はい、待たせていただきます。

- 편한 상대라면 「待(ま)ちましょうか。」(기다릴까요?)라고 할 수도 있다.

---

782 그럼, 제가 나중에 다시 걸겠습니다.

それでは、私のほうからあとでもう一度お電話します。

237 | 전화 ③

783 그럼, 몇 시쯤 전화드리면 되겠습니까?

それでは、何時ごろお電話すればよろしいですか。

○ 「お電話すれば」를 「お電話さしあげれば」로 하면 더욱 정중하다.

784 한국의 이영은에게서 전화 왔었다고 전해 주세요.

韓国のイーヨンウンから電話があったとお伝えください。

○ '전화왔었다고'는 「電話きたと」가 아니라 「電話あったと」로 표현한다.

785 전화번호는 가토가 알고 있습니까?

電話番号は加藤が存じていますでしょうか。

786 혹시 모르니까, 전화번호를 말씀해 주세요.

念のため電話番号をおっしゃってください。

・念(ねん)の ため:혹시 모르니까 / まんがいち」(만에 하나)

787 이쪽에서 연락드리도록 하겠습니다.

こちらのほうからご連絡いたします。

238 | 팩스를 보낼 때

788 지금 막 팩스를 보내드렸는데, 받아보셨나요?

たった今ファックスをお送りしたのですが、お受け取りになられましたか。

- ○ "잘 도착했나요?"란 뜻으로 「ちゃんとついているでしょうか。」라고도 할 수 있다. 受(う)け取(と)る(받아보다)→お受(う)け取(と)りになる(받아보시다 お+ます형+になる)→여기서 なる를 다시 なられる(존경의 れる형)로 바꾼 것이다.

---

789 팩스 글씨는 잘 보입니까?

ファックスの字はちゃんと読めますか。

- ちゃんと : 제대로, 잘

---

790 팩스받으시는 대로 전화 주셨으면 하는데요.

ファックスをお受け取り次第お電話をいただけたらと思うのですが。

- 동사의 ます형 + 次第(しだい) : ~하는 대로

---

791 지급하오니, 빠른 회신을 부탁드립니다.(팩스문서에서)

急を要するため至急お返事お願いいたします。

239 | 팩스를 받고

792 어제 보내주신 팩스는 잘 받았습니다.
きのう送ってくださったファックスはちゃんと受け取りました。

793 팩스 받고 연락드립니다. 들어오시면 바로 전화주십시오.(응답기녹음)
ファックスは受け取りました。おもどり次第至急お電話ください。

794 팩스가 안들어왔어요. 죄송하지만, 다시 한번 보내 주세요.
ファックスが来ていないので、申しわけありませんが、もう一度送ってください。

795 글씨가 잘 안보이니까, 다시 한번 보내 주세요.
字がよく見えないので、もう一度お願いします。

796 마지막 페이지가 오다가 잘렸어요. 그것만 다시 보내 주세요.
最後のファックスが途中で切れてしまいました。それだけもう一度送ってください。

240 | 접대-식사 초대

797 오늘 저녁 식사 같이 하시죠?

今晩夕食ご一緒にいかがですか。

○ 일본에서 손님이 왔을 때, 상대방의 스케줄도 있으므로 정중하게 이렇게 물어보는 것이 좋다. 꼭 식사를 대접할 계획이라면 담당자에게 미리 연락을 해두는 것도 좋은 아이디어.

---

798 오늘은 제가 대접해 드리겠습니다.

今日は私がご馳走いたします。

○ '한턱내다'란 뜻의 「おごる」는 직장동료나 친구 등 친한 사람에게 쓰는 말이고, 비즈니스에서는 식사도 어디까지나 접대이므로 「ごちそういたします」하고 정중하게 말하고 있다.

・ご馳走(ちそう)する:대접하다(ごちそうさま:잘 먹었습니다)

---

799 멀리서 이렇게 오셨는데, 식사라도 같이 하시죠?

はるばるいらっしゃったのですから、お食事でもご一緒しませんか。

○ 「はるばる」는 '멀리서'란 뜻으로 일본에서 여기까지 오셨는데 하는 마음이 담긴 표현이다. '모처럼'이라고 할 때는 「せっかく」란 말을 쓰기도 하는데, 이와 같은 상황에서는 관용적으로 쓰는 표현이므로 이대로 외워두었다가 써보자.

241 | 음식점에서

800 7시에 5명 예약했는데요.

７時に五人で予約してあるんですが。

- 「予約(よやく)してあるんですが。」는 "예약해두었는데요."란 뜻.

---

801 자, 안쪽으로 앉으세요.

さあ、奥のほうにどうぞお座りください。

- 奥(おく)のほう : 안쪽. 이렇게 말하지 않고, 손으로 방향을 가리키며 「さあ、どうぞ。」라고 해도 된다. 기본적으로 초대한 사람이 문쪽에 앉고, 초대받은 사람이 안쪽으로 앉는 것은 기본상식. 손님을 문쪽으로 앉히는 것은 실례이므로, 자리를 미리 잘 보고 권하도록 하자.
- お座(すわ)りください : 앉으세요. (「お + ます형 +ください」형태로 정중한 명령문을 만들 수 있다. 더욱 정중하게 말하고 싶다면 「お + ます형 +になってください」로 하면 된다.

---

802 편히 앉으세요.

どうぞ楽になさってください。

- 「楽(らく)にする」는 '편히 하다' 즉 편하게 앉으란 뜻이다. 좀더 친한 상대라면 「どうぞ楽(らく)にしてください。」라고 할 수도 있다.

242 | 주문할 때

803 뭐가 좋을까요?

何(なに)がいいですか。

○ 더 정중하게 하려면 「何(なに)がよろしいですか。」.

---

804 별로 가리는 것 없으니까 적당히 시켜 주세요.

好(す)き嫌(きら)いはありませんので、適当(てきとう)に注文(ちゅうもん)してください。

○ 「好(す)き嫌(きら)い」는 좋아하고 싫어하는 것, 「好(す)き嫌(きら)いがある」는 좋아하고 싫어하는 것이 있다, 즉 편식한다, 음식을 가린다는 뜻이 된다.
· 適当(てきとう)に : 적당히
· 注文(ちゅうもん)する : 주문하다

---

805 그럼, 이 집에서 잘하는 것으로 시키겠습니다.

じゃ、この店(みせ)のおすすめメニューを注文(ちゅうもん)します。

○ 여기서 '집'이란 가게를 뜻하므로 「みせ」라고 해야 한다. 「おすすめメニュー」는 '추천할만한 요리'란 뜻. 「今日(きょう)のおすすめは何(なん)ですか。」(오늘 추천음식은 뭐죠?)와 같이 쓰기도 한다.

243 | 음식이 나오고

806 음료는 맥주 괜찮으세요?

飲み物はビールでよろしいですか。

- 식사를 하기 전에 일단 맥주로 간단하게 건배를 하고 시작하면 분위기가 부드러워진다.

---

807 그럼, 건배하시죠.

では、乾杯しましょう。

・乾杯(かんぱい) : 건배

---

808 자, 드세요.

さあ、どうぞ召し上がってください。

- 「さあ、どうぞどうぞ。」(자, 어서 많이 드세요.)라고도 한다. 이때 먹는 사람은 「いただきます。」.

---

809 일단, 맥주 한잔 드시죠.

とりあえずビールを一杯どうぞ。

・とりあえず : 일단

244 | 집에서 먹을 때

810 차린 건 없지만, 많이 드세요.

何もありませんが、たくさん召し上がってください。

- 「何(なに)もありませんが」는 '아무것도 없습니다만, 차린 것 없습니다만' 이란 뜻으로 음식을 준비한 쪽에서 인사말로 이렇게 말한다.

---

811 잘 먹겠습니다. / 잘 먹었습니다.

いただきます。/ ごちそうさまでした。

---

812 많이 드세요.

たくさん召し上がってください。

---

813 맛이 어떠세요?

味はいかがですか。

---

814 입에 맞으세요?

お口に合いますか。

- "맛있다~." 하고 혼자 말할 때는 「おいしい。」, "맛있네요." 하고 말하고 싶다면 「ほんとうに おいしいですね。」(정말 맛있네요.).
- 口(くち)に合(あ)う: 입에 맞다.

245 | 한창 식사중일 때

815 역시 본고장에서 먹으니 정말 맛있네요.

さすが本場の味、本当においしいですね。

- さすが : 듣던 대로, 과연, 역시
- 本場(ほんば) : 본고장

---

816 더 드시죠? / 더 드릴까요?

お代わりはどうですか。

- 「お代(か)わり」는 밥이나 커피 등을 더 먹는 것을 말한다. 집에서 "밥 더 줘!" 할 때는 "おかわり!"하고 외친다.

---

817 너무 많이 먹었습니다. 배가 부른걸요.

たくさんいただきました。もうおなかがいっぱいです。

- おなかが いっぱいだ : 배가 부르다

---

818 고추장을 넣어서 이렇게 비벼서 먹는 겁니다.

とうがらしみそを入れてこのように混ぜて食べるんです。

- とうがらしみそ : 고추장

246 | 식사가 끝날 무렵

819 숭늉도 맛있어요. 드세요.

スンニュン（おこげ）もおいしいですよ。どうぞ。

---

820 이건 디저트로 나오는 식혜라는 한국의 전통음료예요.

これは最後（さいご）に口直（くちなお）しに出（で）てくるシッケという韓国（かんこく）の飲（の）み物（もの）です。

● 수정과는「スジョンガ」.
・口直（くちなお）し：입가심, 후식, 디저트（デザート）

---

821 자, 그럼 일어나실까요?

それじゃ、そろそろお開（ひら）きにしましょうか。

・そろそろ：이제 슬슬（자리에서 일어날 시간이 다가왔을 때）
・お開（ひら）きにする：（회식자리）파하다, 마치다

247 | 헤어질 때

822 (접대받은 사람) 오늘 정말 잘 먹었습니다.

今日は本当にごちそうさまでした。とてもおいしかったです。

---

823 (접대한 사람) 맛있게 드셨다니 다행입니다.

料理がお口に合ってよかったです。

○ 직역하면 "음식이 입에 맞으셔서 다행입니다."란 뜻.

---

824 그럼, 살펴 가십시오.

じゃ、お気をつけて(お帰りください)。

---

825 그럼, 내일 아침 8시에 호텔 로비에서 뵙겠습니다.

じゃ、明日 8時にホテルのロビーで。

---

826 오늘은 피곤하실테니까 푹 쉬십시오.

今日はお疲れでしょうから、ゆっくりお休みください。

○ "푹 잘 잤다"고 할 때는 「ぐっすり眠(ねむ)れた。」라고 한다.

248 | 가라오케에서

827 자, 가토 씨도 한 곡 부르세요.

さあ、加藤(かとう)さんも一曲(いっきょく)どうぞ。

---

828 일본 노래도 있으니까 골라보세요.

日本(にほん)の歌(うた)もありますから、選(えら)んでみてください。

・選(えら)ぶ : 선택하다

---

829 한국 노래 중에 아는 것 있어요?

韓国(かんこく)の歌(うた)で、何(なに)かご存知(ぞんじ)の歌(うた)がありますか。

◎ 「ご存知(ぞんじ)の」: 알고 계시는, 아시는. 편한 상대라면 知(し)っている라고 해도 된다.

---

830 (노래를) 참 잘하시네요.

本当(ほんとう)に(歌(うた)が)お上手(じょうず)ですね。

---

831 우와, 가수나 다름없네요.

うわー、まるで歌手(かしゅ)みたいですね。

・まるで : 마치
・歌手(かしゅ) : 가수 (발음이 비슷하지만, 일본어는 '카슈'로 발음한다.)

249 | 술자리에서

832 술은 잘하시는 편이세요?

お酒は強い方ですか。

---

833 조금밖에 못마십니다. 금방 취해버려요.

たしなむ程度です。すぐに酔ってしまいます。

- たしなむ는 잘하지는 못하지만, 즐기는 정도로 애호한다는 뜻.「少(すこ)ししか飲(の)めません。」이라고 해도 된다.
- 程度(ていど):정도　・すぐに:바로　・酔(よ)う:취하다

---

834 이건 백세주라는 술인데, 한번 마셔 보세요.

これは百歳酒というお酒なんですが、一度飲んでみてください。

---

835 맛이 어때요? 괜찮지요?

お味はいかがですか。お口に合いますか。

---

836 2차, 어떠세요?

2次回はいかがですか。

- 2次回(にじかい):2차

250 | 로비도 일본어로

837 이번 일이 잘 성사될 수 있도록 부탁드리겠습니다.
今回の件がうまくいくように何とぞよろしくお願いいたします。

838 저도 힘껏 노력해보겠습니다.
わたしも力の限り、お助けしたいと思っています。

- 力(ちから)の限(かぎ)り : 힘껏, 힘닿는 대로

839 저도 잘 되기를 바라고 있습니다.
わたしもうまくいくことを願っています。

840 저희 회사에서는 이번 프로젝트에 사운이 걸려 있습니다.
我が社では今回のプロジェクトに社運がかかっています。

- 我(わ)が社(しゃ) : 우리회사 / 我(わ)が国(くに) : 우리나라
- 社運(しゃうん) : 사운

841 사장님께도 말씀 잘 전해 주십시오.
社長にもどうぞよろしくお伝えください。

251 충고나 조언을 할 때

842 시미즈건설에 협조를 구하는 것도 한 방법인 것 같습니다만.

清水建設にお口ぞえをいただくのも一つの方法だとは思いますが…。

○ 「口(くち)ぞえ」는 곁에서 말을 거들거나, 추천해주는 것을 말한다.

---

843 그 건이라면 에이전시를 통하는 것이 좋겠습니다.

その件でしたら代理店を通すのがいいと思います。

---

844 제가 아는 사람이 있는데, 소개해 드릴까요?

わたしの知り合いの方がいるのですが、紹介しましょうか。

---

845 명함을 드릴테니, 야마구치은행의 지점장을 만나보십시오.

名刺をさし上げますから、山口銀行の支店長にお会いになってみてください。

○ 명함을 줘서 통할 정도의 위치에 있는 사람이라면, 명함으로도 간단한 소개장의 역할을 대신할 수도 있다.
・支店長(してんちょう) : 지점장

252 | 칭찬할 때

846 어떻게 그렇게 잘 아시죠?

ほんとうにいろいろよくご存知ですね。

○ 짧게「よくごぞんじですね。」라고 할 수도 있다.

---

847 많은 도움이 되었습니다.

いろいろ助かりました。

---

848 사무실이 아주 훌륭하군요.

いいオフィスですね。

・オフィス:사무실 = 社務所(じむしょ)

---

849 직원들이 모두들 친절하시네요.

社員の方がみなさんとても親切ですね。

○ 「社員(しゃいん)の方(かた)」는 '직원분', '직원되시는 분', 즉 상대방 회사의 직원에 대해 높여서 말하는 표현이다.

---

850 농담을 아주 잘하시네요.

ジョークがお上手ですね。

・ジョーク:조크, 농담 = 冗談(じょうだん)

253 | 칭찬을 받았을 때

851 과찬의 말씀이십니다.

とんでもございません。

---

852 너무 비행기 태우지 마세요.

そんなにお世辞(せじ)を言わないでください。

・お世辞(せじ)を言(い)う : 발림말을 하다

---

853 몸둘 바를 모르겠군요.

おはずかしい限(かぎ)りです。

○ 직역하면 "부끄러울 따름입니다." 지만, "몸둘 바를 모르겠습니다." 란 뜻으로 이렇게 표현한다.

---

854 아닙니다. 그정도는 아니예요.

いいえ、それほどでもありません。

○ 「そうでもありません。」(그렇지도 않아요) 「そうでもない。」(그렇지도 않아-반말)도 많이 쓰는 표현이다.

---

855 아이구, 별말씀을 다하시네요.

いいえ、何(なに)をおっしゃっているんですか。

254 | 회사에 대해 물어볼 때

856 지금 회사에서 일하신 지는 얼마나 되세요?

今の会社にはどのくらい勤めていらっしゃるんですか。

・勤(つと)める：근무하다

857 직원은 모두 몇 명 정도 되죠?

社員の方は全部で何人ぐらいですか。

858 주로 어떤 일을 하세요?

主にどんな仕事をなさっているんですか。

859 점심은 주로 어떻게 드세요?

お昼はいつもどこで召し上がるんですか。

・召(め)し上(あ)がる：드시다

860 밖에서 사먹는 사람도 있고, 도시락을 싸오는 사람도 있어요.

外で食べる人もいるし、お弁当を持ってくる人もいます。

255 | 업무에 대해 물어볼 때

861 일은 재미있어요?

仕事はおもしろいですか。

---

862 좀 힘들긴 하지만, 재미있어요.

少し大変ですが、おもしろいです。

---

863 지난 번 그 일은 잘 돼가고 있어요?

先日の件はうまく行っていますか。

---

864 바쁘시겠군요.(바쁘시죠?)

お忙しいでしょう。

---

865 업무가 끝나면 곧장 퇴근하는 편이세요?

仕事が終わったらまっすぐ家へ帰る方ですか。

---

866 요즘은 바빠서 거의 매일 야근이에요.

近頃は忙しくてほとんど毎日残業です。

- 近頃(ちかごろ) : 요즘, 요사이
- ほとんど : 거의
- 残業(ざんぎょう) : 잔업(남아서 일하는 것), 야근

256 일본어로 반말하기 ①

867 아아, 알았어. 알았어.

ああ、わかった。わかった。

○ 반말은 「です」나 「ます」체가 아닌 보통체로 하면 된다.

---

868 솔직히 말해서

正直(しょうじき)に言(い)って

---

869 아아, 그렇겠지(그건 그렇지, 그렇구나)

ああ、なるほど。

○ 상대방의 말을 듣고 '납득이 간다' '이해가 간다'는 뜻으로 맞장구 칠 때 하는 말이다. 아랫사람이 윗사람에게 이렇게 말하면 실례가 될 수 있으므로 주의.

---

870 조심해서 가.

気(き)をつけてね。

---

871 잘가, 잘가라구. 안녕.(헤어질 때)

じゃあね。

257 | 일본어로 반말하기 ②

872 알겠어?

わかった?

---

873 전혀 모르겠는걸

ぜんぜんわかんない。

● 「わかんない」는「わからない」의 회화체표현.

---

874 전의 그 일 말이야, 어떻게 됐어?

あの件どうなってる?

---

875 잘 돼가고 있어?

うまく行ってる?

---

876 (퇴근할 때)한잔 하고 안갈래?

いっぱい飲んでいかないか。(남자말)

いっぱい飲んでいかない。(여자말)

---

877 좋지. 가자구.(좋아. 가자.)

いいよ。行こう。

부록

자주 쓰는 외래어 미니사전

일본어능력시험 1,2급 수준 및 인터넷, 방송 등 실제 생활에서 자주 쓰이는 외래어를 정리한 것입니다. 일상생활에서 자주 쓰이는 단어로, 발음이 우리와 비슷한 것도 있지만, 무슨 뜻인지 알기 어려운 것도 있으므로, 일본식 영어읽기에 익숙해지도록 많이 읽어보세요.

ア

アイスクリーム	아이스크림
アイデア・アイディア	아이디어
アイテム	아이템
アイロン	다리미
アウト	아웃(out)
アクセサリー	액서서리
アクセント	액센트
アジア	아시아
アップ	업(up)
アドバイス	어드바이스
アナウンサー	아나운서
アニメーション	애니메이션
アパート	아파트
アフリカ	아프리카
アプローチ	어프로치
アマチュア	아마추어
アメリカ	미국
アルカリ	알카리
アルコール	알코올
アルバイト	아르바이트
アルバム	앨범
アンケート	앙케이트
アンコール	앙콜
アンテナ	안테나

イ

イエス	예스(yes)
イコール	이콜(=)
イメージ	이미지
インターチェンジ	인터체인지
インターナシュナル	인터내셔널
インターネット	인터넷
インターフォン	인터폰
インデックス	인덱스
インテリ	인테리어
インフォーメーション	인포메이션
インフレ	인플레이션

ウ

ウエートレス	웨이트리스

エ

エアメール	에어메일
エコノミー	이코노미
エスカレーター	에스컬레이터
エネルギー	에너지
エンジニア	엔지니어
エンジン	엔진

オ

オイル	오일(oil)
オーケー	오케이(OK)
オーケストラ	오케스트라
オートバイ	오토바이
オートマチック	오토매틱
オープン	오픈
オーバー・オーバーコート	오버/오버코트
オーバーする	오버하다
オフィス	오피스
オリエンテーション	오리엔테이션
オリジナル	오리지날
オレガン	오르간
オレンジ	오렌지
オンライン	온라인

カ

カー	카(car)
カーテン	카텐
カード	카드
カーブ	커브
カーペット	카펫
ガイド	가이드
ガイドブック	가이드북
カクテル	칵테일
カット	컷트
カップ	컵
カテゴリー	카테고리
カバー	커버
ガム	껌
カムバック	컴백
カメラ	카메라
カメラマン	카메라맨
ガラス	유리
カレー	카레
カレンダー	캘린더
カロリー	칼로리
カンニング	컨닝

キ

ギター	기타
キャッチ	캣취(catch)
キャプテン	캡틴
キャリア	캐리어
ギャング	갱
キャンパス	캠퍼스
キャンプ	캠프
キャンペーン	캠페인
キロ(グラム・メートル)	킬로그램, 킬로미터

277

ク

クイズ	퀴즈
クーラー	쿨러(냉방장치)
クラシック	클래식
クラス	클래스
グラス	유리잔
クラブ	클럽
グラフ	그래프
グラム	그램
グランド	그랜드
クリーニング	클리닝
クリーム	크림
クリスマス	크리스마스
グループ	그룹
グレー	그레이, 회색
グローバル	글로벌

ケ

ケーキ	케이크
ケース	케이스
ゲーム	게임
ゲスト	게스트, 손님

コ

コース	코스
コーチ	코치
コート	코트
コード	코드
コーナー	코너
コーヒー	커피
コーラス	코러스
コック	콕
コップ	컵
コピー	카피, 복사
コマーシャル	커머셜, 광고
コミュニケーション	커뮤니케이션
ゴム	고무
コメント	코멘트
コレクション	콜렉션
コンクール	콩쿨
コンクリート	콩크리트
コンサート	콘서트
コンセント	콘센트
コンタクト	콘택트렌즈
コントロール	콘트롤
コンピューター	컴퓨터

サ

サイト	사이트
サークル	서클
サービス	서비스
サイクル	사이클
サイズ	사이즈

サイレン	사이렌	ジュース	주스
サイン	사인	ショー	쇼
サボる	땡땡이치다	ショック	쇼크
サラダ	샐러드	ショップ	숍(가게)
サラリーマン	샐러리맨	シリーズ	시리즈
サンキュー	쌩큐	シングルマザー	싱글맘(미혼모)
サンタクロース	산타크로스		
サンダル	샌달		
サンドイッチ	샌드위치		
サンプル	샘플		

シ

ス

シーズン	시즌	スーツケース	슈트케이스, 소형여행가방
ジーパン	청바지	スーパー(マーケット)	수퍼
ジーンズ	진(청)	スープ	스프
システム	시스템	スカート	스커트
シナリオ	시나리오	スカーフ	스카프
シミュレーション	시뮬레이션	スキー	스키
ジャーナリスト	저널리스트	スキルアップ	스킬업
ジャズ	재즈	スクール	스쿨
シャツ	셔츠	スケート	스케이트
シャッター	셔터	スケジュール	스케줄
ジャム	잼	スター	스타
シャワー	샤워	スタート	스타트
ジャンパー	점퍼	スタイル	스타일
ジャンプ	점프	スタジオ	스튜디오
シャネル	샤넬	スタッフ	스탭
		スタンド	스탠드
		スチーム	스팀
		スチュワーデス	스튜어디스

ステージ	스테이지
ステレオ	스테레오
ストッキング	스타킹
ストレス	스트레스
ストロー	스트로(빨대)
スピーカー	스피커
スピーチ	스피치
スピード	스피드
スプーン	스푼
スプリング	스프링
スペース	스페이스
スポーツ	스포츠
スポーツカー	스포츠카
ズボン	바지
スマート	스마트
スラックス	슬랙스, 바지

セ

セーター	스웨터
セール	세일
セット	세트
ゼミ	세미나
セメント	시멘트
ゼロ	제로
センター	센터
センチ・センチメートル	센티/센티미터

ソ

ソース	소스
ソックス	삭스(짧은 양말)
ソファー	소파
ソフト	소프트
ソロ	솔로

タ

タイトル	타이틀
タイピスト	타이피스트
タイプ	타입
タイマー	타이머
タイミング	타이밍
タイム	타임
タイヤ	타이어
ダイヤ・ダイヤモンド	다이아몬드
ダイヤル	다이얼
タイル	타일
ダウン	다운
タオル	타올
タクシー	택시
ダブル	더블
ダブる	더블되다, 중복되다
ダム	댐
タレント	탤런트
タワー	타워
ダンス	댄스

ダンプ	덤프
	(덤프카를 줄여서 이렇게 말함)

チ

チーズ	치즈
チーム	팀
チェック	체크
チェンジ	체인지
チップ	팁
チャンネル	채널
チョーク	초크(분필)

テ

ティッシュ	티슈
データ	데이터
デート	데이트
テープ	테이프
テーブル	테이블
テープレコーダー	テイプレコーダー
	테이프레코더
テーマ	테마
テキスト	텍스트
デザイン	디자인
テスト	테스트
デコレーション	데코레이션
デザート	디저트
デジタル	디지털
デッサン	뎃생
テニス	테니스
テニスコート	테니스코트
デパート	디파트먼트(백화점)
デモ	데모
デモンストレーション	
	데모(전시)
テレビ	텔레비전
テレックス	텔렉스
テント	텐트
テンポ	템포

ト

トイレ	화장실
トーン	톤
トップ	톱
ドライ	드라이
ドライクリーニング	
	드라이클리닝
ドライバー	드라이버, 운전자
ドライブ	드라이브
トラブル	트러블
ドラマ	드라마
トランプ	트럼프
トランジスター	트랜지스터
ドリル	드릴
トレーニング	트레이닝

ドレス	드레스
トン	톤
トンネル	터널

ナ

ナイフ	나이프
ナイロン	나일론
ナプキン	냅킨
ナンセンス	넌센스
ナンバー	넘버

ニ

ニュアンス	뉘앙스
ニュー	뉴
ニュース	뉴스

ヌ

ヌード	누드

ネ

ネガ	네가(nega)
ネクタイ	넥타이
ネックレス	목걸이

ノ

ノイローゼ	노이로제
ノー	노
ノート	노트

ハ

バー	바(bar)
パーセント	퍼센트
パーティー	파티
パート	파트
パートナー	파트너
バイオリン	바이올린
ハイキング	하이킹, 등산
バイバイ	바이바이
パイプ	파이프
パイロット	파일럿
パジャマ	파자마, 잠옷
バス	버스
バス	바스(욕실)
パス	패스
バター	버터
パターン	패턴
パチンコ	파칭코
バック	백(배경)
バッグ	백(가방)
バッジ	뱃지
バッテリー	뱃터리
パトカー	패트롤카(경찰차)
パパ	파파(papa)
バランス	밸런스

パン	빵	フィルター	필터
ハンガー	행거	フィルム	필름
ハンカチ	손수건	ブーツ	부츠
パンク	펑크	ブーム	붐
ハンサム	핸섬	プール	풀장
パンツ	남자용 팬티 또는 바지	フォーム	폼
バンド	밴드	ブザー	부저(경적)
ハンドバッグ	핸드백	フライパン	후라이팬
ハンドル	핸들	ブラウス	블라우스

ヒ

		ブラシ	브러쉬
		プラス	플러스
ピアノ	피아노	プラスチック	플라스틱
ビール	맥주	プラットホーム	플랫폼
ビジネス	비즈니스	プラン	플랜
ピストル	피스톨	フリー	프리
ビタミン	비타민	プリント	프린트
ビデオ	비디오	ブレーキ	브레이크
ビニール	비닐	プロ	프로
ビル	빌딩	ブローチ	브로우치
ビルディング	빌딩	プログラム	프로그램
ピン	핀	フロント	프론트
ピンク	핑크		
ヒント	힌트		

ホ

		ボイコット	보이콧
		ポイント	포인트

フ

		ボーイ	보이
ファイト	화이트	ホース	호스
ファイル	화일		

283

ボート	보트
ボーナス	보너스
ホーム	홈
ホール	홀
ボール	볼
ボールペン	볼펜
ポケット	포켓
ポジション	포지션
ポスト	포스트(우체통)
ボタン	버튼
ホテル	호텔
ボルト	볼트
ホルモン	호르몬
ポンプ	펌프

マ

マーク	마크
マーケット	마켓
マイク	마이크
マイクロホン	마이크로폰
マイナス	마이너스
マガジン	매거진
マスク	마스크
マスコミ	매스컴
マスター	마스터
マッサージ	마사지
マッチ	매치
マフラー	머플러
ママ	마마(mama)
マルチメディア	멀티미디어
マラソン	마라톤
マンション	맨션

ミ

ミシン	미싱
ミス	미스(miss),실수
ミス	미스(Miss)
ミスプリント	미스프린트
ミセス	미시즈
ミュージック	뮤직
ミリ(メートル)	밀리미터
ミルク	밀크

ム

| ムード | 무드 |

メ

メーカー	메이커
メートル	미터
メッセージ	메세지
メディア	미디어
メニュー	메뉴
メロディー	멜로디
メンバー	멤버

モ

モーター	모터
モザイク	모자이크
モダン	모던
モデル	모델
モニター	모니터

ヤ

ヤング	영(young)

ユ

ユーモア	유모어
ユニーク	유니크

ヨ

ヨーロッパ	유럽
ヨット	요트

ラ

ライス	라이스
ライター	라이터
ラジオ	라디오
ラッシュアワー	러시아워
ラベル	라벨
ランチ	런치
ランニング	런닝
ランプ	램프

リ

リード	리드
リクエスト	신청
リズム	리듬
リットル	리터
リボン	리본

ル

ルーズ	루즈(헐렁한)
ルール	룰(rule)

レ

レインコート	레인코트
レース	레이스
レギュラー	레귤러
レクリエーション	레크레이션
レコード	레코드
レジャー	레저
レストラン	레스토랑
レッスン	렛슨
レデイー	레디(준비)
レバー	레버
レベル	레벨
レポート	리포트
レンジ	(가스)렌지
レンズ	렌즈
レンタカー	렌트카

ロ

ロープウエイ	로프웨이(케이블카)
ロープ	로프, 줄
ローマじ	로마자
ロケ	로케(야외촬영)
ロケット	로켓
ロス	로스(손실)
ロッカー	로커(사물함)
ロビー	로비
ロマンチック	로맨틱

ワ

ワイシャツ	와이셔츠
ワイン	와인
ワット	와트(W)
ワンピース	원피스

하루에 1분
일상생활 일본어 회화

개정판 발행	2018년 2월 20일
발행인	이기선
발행처	제이플러스
주소	서울시 마포구 월드컵로 31길 62
전화	**영업부** 02-332-8320 **편집부** 02-3142-2520
팩스	02-332-8321
등록번호	제 10-1680호
등록일자	1998년 12월 9일
홈페이지	www.jplus114.com
ISBN	979-11-5601-059-3

© JPLUS 2009, 2018

값 8,500원

*파본은 구입하신 서점이나 본사에서 바꾸어 드립니다.